北東アジア市民圏構想

The Northeast Asia Civil Society Initiative

佐藤優
×
金惠京

第三文明社

はじめに

人の縁というのは不思議なものです。

何気《なにげ》ない出会いが、一生の友人や新しい家族を生み、それまで接点がなかった人が新たな仕事の展開を導いてくれることもめずらしくありません。佐藤優さんと私との縁を考えてみると、なかなか典型例を挙げることはできませんが、一つ一つの出来事が心に残っていくものだったのです。

『国家の罠』（新潮社）での文壇デビュー以来、多くの著作に触れる中で、私の本棚には佐藤さんの本の占めるスペースが年々増えていきました。

一方、私自身はアメリカでの研究生活を終えて、日本の大学で教壇に立つ傍《かたわ》ら、各国での経験を生かして時事問題についてメディアで発言し、書籍を出版するなどの活動を続けてきました。この対談の中でも触れている『涙と花札』（新潮社）という自伝的エッセイを書いたのも、日本に韓国をより理解してほしいという思いからです。出版社が決まったときは、佐藤さんと同じところからデビューするのかと密《ひそ》かに感激したことを思い出します。

そんなある日、佐藤さんが新聞紙上で同書の書評を書いてくださっていたことを知りました。ご自身の著書の中でも数ページにわたって同書を紹介していただいたのを見つけたときの驚きは、まったく知らずにページを開いたこともあって、いまも忘れることはできません。他の拙著に関しても折に触れて書評を書いてくださり、三年ほど前には本の帯へ感想を書いていただいたこともありました。

一方で、私も佐藤さんの対談本の書評を書き、同じ本や雑誌の中で原稿を書いたことも度々《たびたび》でした。大勢が集まる式典の場で目礼を交わし合うなど、ニアミスを度々繰り返す中で、いつか、いろいろとお話しする機会を持ちたいという思いが募っていったのです。そんな折、対談の企画をいただき、一も二もなくこの仕事を受けました。

その後、私は佐藤さんとぜひ語り合いたいと、出版社へ対談テーマを提案しました。それは本書のタイトルにもなり、私と佐藤さんをつないでいる北東アジアについてです。きな臭さが絶えない同地域ですが、私は地域全体で人々の声が十分に生かされていない傾向があると感じてきました。そこに生きる人々は心から平和を望んでいるにもかかわらず、政治はそれに応えて来なかったのです。

たしかに、北東アジア各国は憲法上、市民を主権者に挙げていますが、その声をすくい上げ、議論し、さまざまな立場を踏まえて政策を磨き上げていくという民主主義の根本を疎《おろそ》かにしてきました。それぞれの国で選挙は行われているものの、過半数を得た政党が満足に意見をすり合わせないまま恣意《しい》的に物事を決めるのであれば、それは民主主義の一面を拡大解釈したに過ぎません。

本書の編集作業の最中、急逝された翁長雄志《おながたけし》前沖縄県知事の言葉を借りれば、「多数決という独裁主義」といった状態です。平和で豊かな生活を望む声がありながら、いたずらに周辺国との対立や不信を深め、一部の国民に過度な負担を強《し》いる姿勢は、たとえ「現実的」あるいは「効率的」といった評価を受けても、それは民主主義とはいえません。そうした問題意識を抱える中で、各国の事情に精通し、沖縄に対する差別構造に異を唱える佐藤さんとの対談であれば、平和をベースにして地域を連携できる言葉が紡《つむ》げるとの確信が、私にはありました。

そして、期待を胸に年初の対談の日を迎えたのですが、いま振り返ってみると、このタイミングで対談が実現したことは、まさに運命的なものでした。

その当時、朝鮮半島の将来は混迷の度合いを深めていたのです。金正恩《キムジョンウン》委員長が元日に平昌《ピョンチャン》オリンピックへの参加を宣言したものの、一般に南北首脳会談ですら、だいぶ先のことだと考えられていました。しかし、この半年の間に南北首脳会談は二度行われ、史上初の米朝首脳会談すら開催されたことは皆さんもご存じのとおりです。

佐藤さんとの対談は月に一度ほどのペースで五回行いましたが、そのたびに日本をはじめとする北東アジアにおいて歴史的な事件が次々と起き、本書のテーマはより明確なものになりました。何かの糸に導かれるように、この時期でなければできなかった議論が交わせたと思います。

たしかに、多くの印象的な事件が起きた時期ではありましたが、私はこの本を記憶が薄れてしまったら読まれなくなる時事評論ではなく、重大な出来事の本質を佐藤さんと語り合う場にしたいと思ったのです。そこで、「平和にとって何が不可欠なのか」「民主主義による社会の連携は可能なのか」「宗教と政治の在り方とは」等について、右記の問題意識を踏まえ、お話しさせていただきました。対談を繰り返す中で、お互いの議論が次第に深まっていったのは、丹念に機会を重ねた成果であったといえるでしょう。

企画を提案した立場上、私が拙《つたな》いながら進行役を務める形となりましたが、佐藤さんの的確かつ知的なお応えを受けて、この対談は本書のテーマである「民主主義を基盤とした北東アジア市民圏をいかに作り上げていくのか」を探求していく確実な一歩となりました。

本書が読者の皆さんに、今後の北東アジア、そして人々の声を生かす民主主義の在り方を考える契機となれば、これほどの幸せはありません。

金　恵京

北東アジア市民圏構想　もくじ

はじめに　金恵京……1

1章　北東アジアのデモクラシー革命　9

2章　朝鮮半島の過去・現在・未来　55

3章　日本政治の課題解決に向けた方策　111
4章　北東アジアを結ぶ思想と民主主義　165
あとがき　佐藤　優……217

装　幀／水口美香
本文デザイン／安藤　聡
写真撮影／柴田　篤
写真提供／時事通信フォト
編集協力／前原政之
杉浦五都子
『第三文明』編集部
編集ディレクション／朝川桂子

1章
北東アジアのデモクラシー革命

民主主義に新しい命を吹き込む

金恵京　この対談では、北東アジア（Northeast Asia）——つまり、日本・韓国・北朝鮮・中国・ロシアなどの地域をめぐるさまざまな問題に対して、複数の時間軸を通じて縦横《じゅうおう》に語り合っていきたいと思います。

佐藤優　よろしくお願いします。

金　全体のタイトルは、『北東アジア市民圏構想』とさせていただきました。このタイトルに込めた思いを、まずお話しします。

頻発《ひんぱつ》するテロや、トランプ大統領の誕生、ロシアのウクライナ問題、北朝鮮の核ミサイル開発問題など、近年、世界が不安定化していますね。佐藤さんは「新・帝国主義の時代」とも表現していらっしゃいます。「独裁」に近づいているという傾向も見られます。そうしたなかで、民主主義がうまく機能しなくなると、丁寧《ていねい》な議論が遠ざけられ、マイノリティの人たちの声が社会に届かなくなってきます。

切り捨てられ、声が社会に届かなくなった人たちが連携していくことが、これからの北東アジアにとって非常に大事だと私は思っています。その連携をどうやって推進していけばいいのか、そしてどうやって民主主義をうまく機能させていけばいいか——そのことを、さまざまな角度から考える対談にしたいのです。

佐藤　その基本的な方向性に賛成します。

まず話の糸口として、金先生のお国・韓国のことから話しましょう。じつは私、一〇代のころから韓国にはよく行っていたのです。

金　それは存じ上げませんでした。

佐藤　私とは世代が少し違うので、金先生が幼稚園に通い始めたころかな？　まだ朴《パク》正熙《チョンヒ》大統領がいた時代、いわゆる「韓国的民主主義」の時代ですよ。

金　朴正熙は国内外からの独裁に対する批判を受けて、「独裁ではない。これは韓国的民主主義だ」と主張したんですよね。もちろん、国内には絶えず民主化を求める動きは存在していて、現大統領の文在寅《ムンジェイン》も民主化デモに参加して、たびたび投獄《とうごく》されていました。

佐藤　そうそう。当時、私はまだ洗礼を受けていなかったけれど、母に連れられて子どものころから教会に通っていましたから、韓国に行ってもキリスト教徒の状況が気にかかりました。当時は、韓国のキリスト教会から「民衆の神学」が生まれてきた時代です。独裁政権の抑圧《よくあつ》体制のなかにあって、切り捨てられた人々の「声なき声」を聴《き》き、光の当たらない人たちに光を当てていこうとする神学です。この「民衆の神学」に、カトリック、プロテスタント問わず、韓国のキリスト教徒たちは一生懸命に取り組んでいました。そのことが強く印象に残っています。

金　あらためて考えてみれば、先に挙げた文在寅も、民主化を主導した金大中《キムデジュン》もキリスト教徒です。「マイノリティの連携」という点からも、「民衆の神学」運動から学ぶべき点がいろいろありそうですね。

佐藤　そう思います。また、日本が韓国から学ぶべきこともたくさんあると思います。安倍《あべ》（晋三《しんぞう》）首相が訪韓（二〇一八年二月九～一〇日）しましたが、日本の政治エリートのなかに韓国の民衆から学ぶという姿勢が希薄なのは残念です。

金　平昌《ピョンチャン》冬季オリンピックに合わせた訪韓でしたね。

佐藤　ええ。お隣の国でオリンピックが開かれれば、どんな政治問題があろうと、総理大臣が訪問するのはあたりまえのことなのですが……。

そのように、韓国と日本の間にはいろいろな懸案《けんあん》があって、関係がぎくしゃくしている部分もあります。でも、じつは両国には共通項のほうが多いんですよね。その共通点のほうに人々の目を向けさせるためには、やはり日本が行っていた植民地支配に対する真摯《しんし》な認識と反省がないといけない。とくに注目すべきは、当時の日本がいまのソウル市に「朝鮮神宮」を建立《こんりゅう》して、参拝《さんぱい》を強要していたことです。朝鮮神宮の祭神は、韓国の建国神話にある「檀君《だんくん》」ではなく、日本の神であるアマテラス（天照大神《あまてらすおおみかみ》）でした。要は、韓国の人々の魂までも支配しようとしたわけです。そういう歴史から目をそらしてはいけない。帝国主義の時代にやってきたことに対する反省なくして、民主主義的交流の活性化はあり得ないのです。

民主主義という言葉自体が、なんだか使い古された言葉のように思える昨今ですが、そこにもう一度、新しい命を吹き込まないといけないと思います。グローバリゼーションの時代に合わせた、新しい民主主義にしていかないと……。

金　なるほど。いわば「民主主義の再生」ですね。

佐藤　そうです。たとえば、いま金先生は日本大学危機管理学部の准教授として日本語で講義をなさっていますが、そのこと自体、グローバリゼーションの流れの一つの証左ですよ。もしも金先生が三〇年早く生まれていたら、たぶん非現実的だったでしょうから。

金　民主化運動が盛んなころですね。当時は、韓国人に対する就職差別もまだ残っていました。

佐藤　そういうグローバリゼーションの時代なのだから、それに合わせて民主主義の形も変わっていかないといけないのです。

トランプ大統領に感じた「既視感」

金　近年、世界的に〝独裁志向〟が強まってきていたと思うんです。たとえば韓国では、朴槿恵《パククネ》前大統領という、独裁者的傾向を持つリーダーが二〇一三年に誕生しました。アメリカではドナルド・トランプが二〇一七年に大統領になりました。

そうした傾向の背景にあるのは、議会制民主主義で政治を進めていくのには何かと時間と手間ひまがかかるので、グローバル化が進み、不安定感が増している現代において、「強い力を持つリーダーの決断にまかせたほうが効率的だ」という効率重視の姿勢だと思います。その結果、独裁に近づいてしまっている。

トランプは「Make America Great Again」——「アメリカを再び偉大にする」というスローガンを掲げて大統領になりました。朴槿恵も、大統領になる前、議員時代のインタビューで、「結婚はあきらめ、今後の自分の人生を韓国国民のために捧《ささ》げる」と発言しています。

それらの発言を表面だけ捉《とら》えると、アメリカ国民全体、韓国国民全体のことを考えて行動しているようにも聞こえます。でも実際には、彼らは自分の支持者と、自分に近しい人間のことしか考えていないと思うんです。実際、朴槿恵は自分の親友である実業家・崔順実《チェスンシル》に過剰《かじょう》な便宜《べんぎ》を図り、国政に不当に介入させたことによって失脚《しっきゃく》し、罪に問われて逮捕されました。

そのように独裁的傾向が強まると、一極支配の構造が生まれて、それに漏《も》れた人々の声は切り捨てられてしまいます。すると、切り捨てられた側の反発が強まって、「民主主義の逆襲《ぎゃくしゅう》」ともいうべき大きな流れが起こってくるんですね。朴槿恵弾劾《だんがい》から次の文在寅大統領までの流れは、まさにそうでした。とくに韓国の場合、そう遠くない過去に民主主義を一度は手放し、独裁政治の時代を経て、再び民主化を勝ち取った経験がありますので、それだけ、国民が民主主義の重要性をよく理解していると思うんです。

佐藤　おっしゃるとおり、朴槿恵退陣に至る流れは、まさに「民主主義の逆襲」そのものでした。

金　一方でアメリカの場合は、これまで選挙に対して消極的だった「プア・ホワイト（白人低所得）層」をトランプが掘り起こして、自分の支持層に引き込んだことが、大統領選に勝利した大きな要因でした。それは、プア・ホワイトを政治に目覚めさせたという意味で、民主主義に対するプラスの貢献と見ることもできます。

その一方で、トランプはアメリカという国の分断を一層、深刻にしてしまいました。というのも、彼は既成のエスタブリッシュメントや移民たちを敵視して、彼らをプア・ホワイト層の「敵」として可視化することによって、支持を集めたからです。その結果、移民たちとプア・ホワイト、エスタブリッシュメントとプア・ホワイトなどの間の亀裂《きれつ》は、これまで以上に深まってしまいました。これは民主主義にとって危険なことで、マイナスの影響といえるでしょう。

佐藤　おっしゃるとおりです。しかも、当選後のトランプの政策は、必ずしもプア・ホワイトを守るものになっていないという皮肉な現実もあります。

金　そこで佐藤さんにお聞きしたいのは、トランプ大統領誕生にあたって取り沙汰された、いわゆる「ロシア疑惑」（二〇一六年の米大統領選で、ロシア政府がトランプを勝たせるために、サイバー攻撃などの干渉を行ったとする疑惑）はどの程度、深刻なものなのか、また、ロシア側が行ったとされるサイバー攻撃は、どれくらい選挙結果に影響したのかということです。

佐藤　結論からいうと、サイバー攻撃は選挙結果には影響していないと思います。ただ、「ロシア疑惑」というものが、その実態以上に大きな影響をアメリカ社会に与えています。実態と影響に大きなギャップがあるわけです。

そのギャップは、日本人の韓国に対する意識とよく似た面があります。金先生はよくご存じのように、韓国社会で極端な反日ナショナリズムが高揚《こうよう》しているわけではありません。竹島（独島《トクト》）問題があるからといって、韓国人がそれによって一丸となって反日になっているわけでもありません。

ところが、一部の日本人の中では、韓国社会は丸ごと反日であるかのようなイメージができ上がってしまっています。だからこそ、「嫌韓本《けんかんぼん》」が日本でベストセラーになってしまったりする。つまり、韓国社会で日本に対して起きていることの実態と、日本の一部の人たちが抱《いだ》く韓国社会の反日イメージには、大きな乖離《かいり》があるわけです。

金　なるほど。それと同じように、「ロシア疑惑」は一部のアメリカ人のなかで実態以上に大きく膨《ふく》れ上がっているのですね。国内外にそれぞれ敵を作って、支持を集める構造があると……。

佐藤　そう。アメリカという国の「敵」にあたるイメージがほしいな、と思ったときに、ロシアがちょうどそのイメージに合致していた。「9・11」テロの後、ブッシュ大統領（息子）の時代にはイスラム原理主義のテロリストたちが「敵」だったわけだけど、そのイメージはもう使い尽くしてしまって、別の「敵」が必要だったのです。

それと、プア・ホワイト層を掘り起こして支持者にするというトランプの手法についていえば、私は非常に「デジャビュ」――既視感《きしかん》を感じたんですよ。というのも、ロシアのジリノフスキーという政治家が取った手法とよく似ているからです。

金　過激な発言で知られる右翼政治家ですよね。

佐藤　ええ。たとえば日本に関しては、「日本がクリル諸島（北方領土）を要求するならば、再び原爆を落とすぞ」とか、そういうことを言っていた人ですね。でも、ソ連崩壊後の一九九三年に行われた選挙では、彼の党――ロシア自由民主党が第一党になったんです。どうやってそんな支持を得たかというと、まさにトランプと一緒です。

ジリノフスキーは、「いまのロシアはアゼルバイジャン人やアルメニア人、チェチェン人、ダゲスタン人などの『黒い連中』に支配されている。奴らの手から、ロシア人にロシアを取り戻せ」という主張をしたのです。そして、トランプが移民などを攻撃してプア・ホワイトの支持を集めたように、ジリノフスキーも貧しいロシア人の支持を集めました。

私はそのころまだロシアにいたので、ブルブリスという、当時、エリツィン大統領の側近だった人に、「なぜジリノフスキーがあんなに支持を集めたのか?」と質問しました。ブルブリス氏は、大要次のように答えました。

「ロシアには、マルクスの言う『ルンペン・プロレタリアート』（労働者階級の最底辺に位置する貧民層）にあたる人たちが、だいたい二割くらいいる。その人たちは組織化されておらず、普段は選挙にも行かない。ところが、ジリノフスキーは彼らを巻き込んで選挙に行かせる力を持っている。その力は、エリツィン政権にとってマイナスではない」

要するに、ジリノフスキーとエリツィンは後ろで手を握っていたわけです。

金 選挙に行かない貧困層を選挙に行かせた、という点はトランプと同じですね。

佐藤　そうなんです。ただ、ジリノフスキーが当時果たした役割は、オーケストラでいえば「第二ヴァイオリン」で、トップではなかった。ところが、トランプはトップに立ってしまったのです。

金　やはり、国民にとっての「わかりやすい敵」を作るということが、独裁的リーダーが力を得るためには必要なのですね。ヒトラーにとってはそれがユダヤ人でしたし、韓国では独裁時代及びその系統に位置する政権が、より一層北朝鮮を敵視《てきし》して支持を集めてきました。トランプの支持層にとっては、対外的にはロシア、内政的には移民やエスタブリッシュメントであった……ということになるのでしょうね。

佐藤　はい。元同志社大学神学部教授の森孝一さんが、『宗教からよむ「アメリカ」』（講談社選書メチエ）という著書の中で、アメリカの宗教右派について、「何かに対して怒っている保守派」だと定義しています。つまり、「何に対して怒るのか?」ということは漠然《ばくぜん》としているけれど、とにかく怒っている人たちなのです。そして、政治リーダーがその「何か」に対して明確な形を与えることに成功すると、宗教右派の人たちの支持を集めることができる。それが政治的な力になるわけです。

新たな「切り捨てられる人々」の声

金　トランプは、二〇一六年七月二一日の共和党候補指名受諾演説で、「これ以上、政治的な正しさにこだわっている余裕はない（We cannot afford to be so politically correct anymore.)」と発言しました。一方、ロシアのプーチン大統領にも、政治的な正しさにこだわらないというよく似た傾向が見られるように思います。

佐藤　似た傾向が見られますね。

金　「政治的な正しさにこだわらない」というのは、考えてみれば由々《ゆゆ》しき発言で、「人権や民主主義のルールを無視してでも、自分のやりたいことをやっていく」というニュアンスにも受け止められます。大国のリーダーがそのような姿勢で政治を進めていけば、また新たな「切り捨てられる人々」が生まれてしまうと思うのです。

佐藤　「政治的な正しさにこだわらない」ようなやり方がなぜ可能になるかというと、私は、行政権が優位になっているからだと思います。本来、三権のプライオリティは立法、司法、行政、あるいは司法、立法、行政という順のはずなんですよ。ところが、先ほどの独裁的傾向が強まるという話と表裏《ひょうり》一体なんですが、「議会における議論にあまり時間をかけすぎると、結果として国益《こくえき》が毀損《きそん》されてしまう。だから行政権を優位にするんだ」という話になってしまっているんですね。

韓国の場合も、朴槿恵のお父さん——朴正煕大統領の時代には行政権が圧倒的に強かった。だからこそ、「大統領緊急措置」というものを乱発することによって、議会や立法を超克《ちょうこく》してやっていくことができたわけです。その意味で、いまのトランプ政権における行政権の優位という傾向は、独裁につながりかねない深刻な問題だと思います。

金 ちょうど朴槿恵の話が出たので、朴槿恵の大統領罷免《ひめん》について、少し語り合いたいと思います。朴槿恵は、自分の親友である崔順実に特別の便宜を図り、国の財産を私物化したことによって告発され、罷免・逮捕に至ったわけですが、私はそのようなことはじつは枝葉末節《しようまっせつ》であって、いちばん深刻な問題は、韓国の民主主義が根幹部分で毀損されたことだと捉えています。

どういうことかというと、朴槿恵がやっていたことは、独裁政権に近いわけです。民主社会は本来「法の支配」であるべきなのに、「人の支配」になってしまっていた。それは朴槿恵が、父親である朴正煕が大統領時代に行っていた独裁を、ある種の「手本」

にしていたからかもしれません。

佐藤　よくわかります。

金　私は、朴槿恵とアメリカのトランプ大統領に、パーソナリティ的にとても近いものを感じます。一つ例を挙げると、朴槿恵は大統領時代、執務室にこもって一人で過ごす時間がとても長かったそうです。一方でトランプ大統領も、毎日午前八時から一一時の間は、決まって自分の住まいで、一人で過ごしているという報道がありました。

佐藤　それは、基本的には「皇帝《こうてい》」のスタイルですよ。中国の皇帝も、外に出かけることはあまりない。ほかの人のほうが皇帝を訪ねてくるわけです。李氏《りし》朝鮮の皇帝もそうだったし、琉球王《りゅうきゅうおう》もそうでした。皇帝というものは宮殿にこもるものなんです。

金　自室にこもるのは独裁者の歴史的傾向なんですね。金正恩委員長が国内にとどまってほとんど外交をしなかったのも、皇帝的な手法かもしれません。

そうしたなか、佐藤さんにお聞きしたいのは、朴槿恵にとっての崔順実に当たるような人が、ロシアの歴代トップにはいたのかということなのですが……。

佐藤　それこそ「怪僧ラスプーチン」の時代から、ロシアにはそういう人がよくいます。権力者周辺に、得体の知れないアドバイザーみたいな人が常にいる。そして、そこで

「闇の権力」みたいな形で、政権の意思決定がなされていくわけです。

ただ、韓国の民衆が朴槿恵と崔順実による権力私物化に大きな怒りの声を上げたのとは対照的に、ロシアの民衆の場合は、「権力というのはそういうものだ。それがあたりまえだ」と受け入れてしまっている面があります。

金　民主主義に対する捉え方、期待するものが少し違うのですね。

佐藤　ええ。私の『自壊する帝国』（新潮社）にキーマンとして登場するサーシャ（アレクサンドル・カザコフ）——政治学者であり、いまではプーチン政権に近い人物ですが、彼が私にこう言ったことがあります。

「選挙には、悪い候補者と、すごく悪い候補者と、とんでもない候補者が出てくる。そのうち、すごく悪い候補者と、とんでもない候補者を排除するのが民主主義だ」と……。

私が「そんなの、民主主義じゃないですよ」と言ったら、彼はこう続けました。

「マサル、お前は勉強が足りないな。選挙制度の始まりは、古代ギリシャの『陶片追放《とうへんつい ほう》』（市民が僭主《せんしゅ》になる恐れのある人物を投票により国外追放にした制度）だ。そこから考えても、選挙の本質とは危険な人物を排除することにあるんだ。プーチンを積極的に支持しているロシア人はいない。しかし、ほかの候補——ロシアをスターリン主義時代に戻すことを考えているジュガーノフや、『日本が北方領土を要求するなら、再び原爆を落とせ』などと発言したジリノフスキーなど——と比べたら、プーチンがいちばんましなんだ」と……。

金　朴槿恵のスキャンダルで露呈《ろてい》した韓国の民主主義の未熟さは、じつは韓国だけの問題ではなく、北東アジア全体の問題でもあるのかもしれませんね。

韓国では朴槿恵の問題をめぐって民衆の怒りが爆発しましたが、ロシアでは民衆の不満はどう解消されているんですか？

佐藤　不満を爆発させないために大切なのは、食糧の不足を起こさないこと、暖房がきちんと行き渡るようにすること、それからタバコとウオツカが切れないようにすることです（笑）。

ゴルバチョフが失脚した理由はいくつもありますが、そのうちの一つはお酒とタバコの不足を起こしてしまったからです。お酒については、ゴルバチョフは「節酒令」というものを出して、それが強制されたから事実上の「禁酒令」になってしまった。タバコについては、禁じたわけではないのですが、アルメニアとアゼルバイジャンの民族紛争が起きたことで、ロシア全土でタバコ不足が起きてしまった。というのも、タバコのフイルターを作る工場がアルメニアにしかなかったからです。お酒とタバコという楽しみを奪《うば》われたことによって、ロシアの民衆の間にゴルバチョフ政権に対する不満が鬱積《うっせき》していったのです。

そういう経験があるので、それ以後のロシアの政権は、アルコールとタバコだけは絶対に欠かさないようにしています。一種の愚民《ぐみん》政策なんですが、それがあの国を統治する一つのコツなんですね。

文在寅大統領をどう見るか？

金　次に、いまの韓国の文在寅大統領をどう見るかについて語り合いたいと思います。

佐藤　文大統領は、元々政治家ではなく弁護士だったから、権力基盤がない。だから、韓国国民からの支持こそが力の源《みなもと》で、ポピュリズムに依拠《いきょ》していかないとやっていけない。そこに難しさがありますね。彼は頭のいい人だから、どのカードを切れば自分の支持率が上がるかということを常に考えて行動しているように思いますが……。

金　私も、文在寅は本来、大統領にはあまり向いていないと思います。実際、弁護士時代にも、二〇年以上にわたる国会議員への出馬要請に、決して首を縦に振りませんでした。盧武鉉《ノムヒョン》政権で大統領の側近を務めた時期にも、何度か「弁護士業務に復帰したい」という意思を示したことがあるそうです。

それなのに、なぜ自ら大統領を目指したかといえば、親友であった盧武鉉が大統領を務めた際に十分な支持を得られず、退任後の政治性の強い追及に耐えかねて自殺してしまったことが影響していると思います。文在寅は盟友《めいゆう》として盧武鉉の遺志を継《つ》ぎ、彼が本当に表現したかった政治を実現したいと思ったのでしょう。しかし、彼の無念を晴らすためには、たんに一政治家になっただけでは足りません。同じ大統領という地位に上りつめないかぎり、彼の遺志を継ぐことはできない。そのためには、ポピュリズム的手法を取り入れてでも、絶対に大統領にならないといけない――おそらく、文在寅はそう考えたのだと思います。

佐藤　金先生のおっしゃることはよくわかるのですが、私のように、政治のドロドロしたリアルな面が見える場所にいると、受ける印象がちょっと違います。

ある人が国会議員になったとします。それだけなら、逆風は吹きません。ところが、その人がたとえば外務副大臣になって、外務大臣を狙《ねら》える位置に座ると、途端に逆風が吹き始めるんです。さらに、外務大臣になって、「いずれは総理大臣になるかもしれない」と言われ始めると、逆風はますます強くなります。その逆風につぶされないためには、実際に総理大臣を狙う以外に道がなくなるんです。それが政治の世界独特の「文法」です。どの国の政界にも、多かれ少なかれ、そのような文法があります。見え方が少し違うだけで。

だから、文在寅が大統領を目指したのも、金先生がおっしゃるように盧武鉉の遺志を継ぐためでもあったと思いますが、「目指さざるを得なかった」という面もあるはずです。ある程度の求心力がついて、「文在寅は大統領になれる」と言われ始めると、もう大統領までいくしか道はないんです。そうしないとさまざまな力が働いてつぶされてしまう。たとえば、弁護士事務所の経理か何かの問題で国策捜査《こくさくそうさ》を受けて、投獄されていたかもしれない。

金　たしかに、そういう面もあるように思います。文在寅は元々、「原則主義者」として知られていました。常に原則どおりに行動してきた人です。ところが、大統領選の渦中は、自らの原則主義を捨てて、ポピュリズム的手法も迷わず取り入れて戦いました。それは「権力基盤がないからポピュリズムに依拠するしかない」ということもあったでしょうが、一面では、それくらいなりふりかまわず戦わなければ、逆風につぶされそうだったからかもしれません。ただし、そこには大きな葛藤《かっとう》があったはずです。

佐藤　そう思います。文在寅が原則主義を貫こうとするなら、たとえば朴槿恵政権時代に日本と結ばれた慰安婦合意《いあんふ》について、「政権が代わったし、事情も変わったから、合意は破棄《はき》する」と言うことはできたのです。また、そうしたほうが韓国国内での支持率は上がったでしょう。しかし、彼はそうしなかった。それは、ポピュリズムの利用の仕方としては中途半端だとも言えます。でも、逆の側面から言えば、国際関係の原則に対して忠実であろうと、懸命に努力していると見ることもできます。その努力を、日本の外交官や政治家は理解しなければいけないと思います。

金　その点についての日本の理解度は、あまり高くない気がします。

佐藤　むしろ、「文在寅は反日だ」と煽《あお》り立てる論調が目立ちます。彼が本当に反日でポピュリストだったら、まず慰安婦合意を破棄したはずです。

中世の神学者たちが、「悪魔を呼び出すことは簡単だ。ただ、呼び出した悪魔を消すことは難しい」と言っていたのですが、排外主義的ナショナリズムにもよく似た面があります。排外主義的なナショナリズムを煽るのは簡単です。しかし、消すのは大変なのです。

金　なるほど。文在寅大統領は筋金入り《すじがねい》のポピュリストではないにせよ、いまポピュリズム的手法を取り入れていることはたしかです。私たちはとかく「ポピュリズム＝民主主義の敵」と捉えがちですが、必ずしもそうとはかぎらないことは、先に挙げたトランプに対する評価からもわかります。つまり、政治に対して無関心であった層を選挙に向かわせ、政治にかかわる意識を生み出した効果です。過去をひもといても、市民が革命を支持する際には政治的関心を引き出すことが不可欠でした。そこで佐藤さんにおうかがいしたいのですが、ロシアでポピュリズムを利用しつつ、よい結果を出した政治家はいますか？

佐藤　毀誉褒貶《きよほうへん》相半ばするにしても、ロシアのエリツィンがその例に挙げられると思います。彼は共産党のエリートだったにもかかわらず、ゴルバチョフに切り捨てられた恨《うら》みから、秘密警察と対峙《たいじ》し、共産党組織と対立しました。その中でポピュリズム的手法を駆使《くし》し、大衆からの人気を原動力として権力を奪取《だっしゅ》しました。その権力を、彼はソビエトの共産主義体制を崩壊させるために使ったわけです。エリツィンのポピュリズム的な手法がなければ、ソ連はいまも崩壊しないままだったでしょう。

金　文在寅大統領がポピュリズムを善の方向に利用してよい政治をするかどうかは、まだわかりません。ただ、その可能性は十分にあると思います。しかしその半面、ポピュリズム的手法の悪い面が出て、大衆迎合するだけの悪政に走らないともかぎりません。だから今後、私たちは文大統領の政治を厳しく監視していかないといけないと思います。

佐藤　おっしゃるとおりです。

ポピュリズムとナショナリズムが結びつく危険性

金　ポピュリズムが必ずしも民主主義の敵とはかぎらず、よい方向に作用する場合もある、という話をしたわけですが、そうはいっても、やはりポピュリズムは大きな危険を孕《はら》んでいますね。

ポピュリズムというのは、わかりやすい「仮想敵」を設定し、危機意識を煽って支持を広げる手法だと思います。アメリカのトランプの場合、彼が大統領選で設定した仮想敵は移民であり、米国社会のエスタブリッシュメントでした。文在寅の場合、朴槿恵大統領がわかりやすい敵として設定されました。ただ、そのようにわかりやすい敵を設定する政治手法は、国民の分断を招きます。それに、ポピュリズムというのは一度手を出したらなかなか手放せない麻薬《まやく》のようなもので、国民の支持を集めるために派手な花火をどんどん打ち上げるような方向に暴走しやすい面があります。

佐藤　たしかにおっしゃるとおりだと思います。私がとくに危険だと思うのは、ポピュリズムがナショナリズムと結びつく場合です。この二つが結びついたとき、それはまさに麻薬のようなもので、非常に安易な形で充足感の快楽が得られてしまうから、人はやめられなくなるんですね。

金　どういう意味ですか？

佐藤　たとえば、金先生は大学の先生になるまでに、どんな努力をされましたか？

金　専門書をたくさん読んで、論文をたくさん書いて、学会で発表したりして評価を受けて、最後は教授会の審査で……。

佐藤　そんなふうに、大学教授・准教授になるまでには、長い努力の積み重ねが不可欠なわけです。裁判官や弁護士になるにも、外交官になるにも、やはり資格や客観的な実績が必要です。

金　研究に従事してこなかった大学教員の方でも、それに優るような実績や経歴をお持ちですね。

佐藤　ところが、ナショナリストとして認められるためには、そういう面倒な努力が一切、必要ありません。排外主義集団のデモに加わって、「日本は侮辱《ぶじょく》されている！」とか、「韓国人・中国人を日本から叩《たた》き出せ！」などと叫《さけ》び、旭日旗を振り回したり、日の丸の手旗を振ったりすれば、それだけで立派なナショナリストです。テレビも取材に来るし、仲間たちからもほめられる。つまり、受験勉強する必要も、論文を書く必要もない。お金もかからない。ただ大声でわめき散らすだけで、だれでもすぐに「社会的な地位の上昇」が実感できるわけです。これは、なんの資産も才能もなく、これまで社会に認められたことがなかった人にとっては、たまらない快感だと思います。

金　ああ、なるほど。だから「麻薬的で安易な快楽」とおっしゃったんですね。

佐藤　しかも、そういうことを繰り返していくうちに、インターネットテレビの右翼番組の出演依頼が来たりして、少しはお金も稼《かせ》げるようになります。隣国の民族を侮辱する言葉を怒鳴《どな》り散らすことで、食べていけるようになるのです。このしくみの中にうまくハマると、無一物だった無名の青年が、職業的ポピュリスト、職業的ナショナリスト、職業的煽動家《せんどうか》になってしまうのです。

金　一つ一つの状況は知っていましたが、スタートとゴールを仮定すると、物事の奥行きがまったく異なってきますね。怖さすら感じます。

佐藤　そんなふうに、ナショナリズムとポピュリズムは結びつきやすい。だからこそ危険なのです。

ロシアにある「官製のポピュリズム」

佐藤　私は、国歌をどの程度いじれるか、アレンジできるかということが、その国のナショナリズムの形とすごく関係あると思っています。

金　それはおもしろい視点ですね。

佐藤　たとえば、韓国の「愛国歌」についてです。前にも話しましたが、私は大学時代に軍政下の韓国を旅したことがあります。朴正熙政権の「緊急措置9号」の時代でしたから、夕方になると街中のスピーカーから「愛国歌」が流れて、みんな直立不動で「愛国歌」を聴く、あるいは一緒に歌う……そういう時代でした。

金　私が小学生のころまでは、そういう時代だったですね。午後五時ぐらいになると、必ず全国で「愛国歌」が流されて、そのときには友だちと遊んでいても立ち止まって、「愛国歌」が終わるまで直立不動でいなければいけませんでした。

佐藤 それほど厳粛なものだった「愛国歌」ですが、韓国で、ロックバンドなどが「愛国歌」をアレンジして歌うということはありますか？

金 それは普通にあります。いろんな歌手やバンドが独自のアレンジをして歌っていますし、若者たちも一緒に歌っています。

佐藤 一方で日本の場合、「君が代」をロックやジャズにアレンジして演奏する人がまったくいないわけではないけれど、それをやる人たちを政府が支援するとか、公的行事の場でロック・アレンジの「君が代」を演奏するなどということは、ちょっと考えられません。「君が代」は天皇と結びついているので、世俗化できないし、アレンジなどの操作もしにくい。一種のタブーになっているのです。

金 たしかに、「君が代」をアレンジして歌うのは、見たことないですね。

佐藤 ちょっと映像をお見せしたいのですが。

金 ロシアの若者がたくさん集まって、とても盛り上がっていますね。

佐藤 いま流れているこの曲は、ロシア連邦の国歌です。それをポップス調にアレンジして、歌詞も変えてあります。歌っているのは「アルスー」というロシアの人気歌手で、日本でいうと安室奈美恵《あむろなみえ》さんのような位置づけの人です。集まっている若者たちも、動員をかけられたわけではなく、自発的に集まってきた人たちです。

金　国歌をこんなふうにアレンジして歌えるということは、ロシアは意外に韓国に近いのかもしれませんね

佐藤　このようなあり方を、私は「官製のポピュリズム」と名づけました。下からのポピュリズムが起きないように、国家が上からポピュリズムを上手に吸い上げているという意味です。ソ連時代には、「ソビエト連邦国歌」をこんなふうにい

ipad でロシアの映像を見ながら語り合う（都内で）

じることはできなかったと思います。また、いまの中国でも、国歌をロック・アレンジしてフェスティバルで歌うことはできないはずです。国歌はイデオロギーと結びついた神聖なものと見做《みな》されていますから。

つまり、いまのロシアにある「官製のポピュリズム」はプーチン流なんですね。そして、このような手法は、ムッソリーニ時代のイタリアにもありました。つまり、プーチンの手法というのは、イタリア・ファシズムによく似たところがあるわけです。

金　ということは、プーチンがファシズムの方向に舵《かじ》を切る危険もあるのでしょうか?

佐藤　潜在的にその危険性はあると思います。

民主主義をめぐる、日韓の温度差

金　次に、「日本にとっての民主主義とは何か?」ということについて話したいと思います。

日本と韓国は、共に一九四五年に、アメリカの影響を強く受ける形で民主主義国家としての歩みを始めました。しかし、韓国は一九六〇年に初代大統領であった李承晩《イスンマン》の選挙上の不正に対して学生や市民を中心としたデモが起き、李政権を退陣に追い込んだ「四月革命」を経験し、民主主義が根づいたと思われた直後、民主主義を失ってしまいます。翌年に朴正熙がクーデターを起こし、六三年には大統領に就任し、開発独裁・軍事独裁を始めたのです。しかし、朴正熙大統領の時代は、韓国が経済的に大きく成長した時代でもありました。

佐藤 いわゆる「漢江《ハンガン》の奇跡」ですね。奇跡のような高度経済成長を成し遂げた。

金 ええ。そのため、当時の韓国国民の多くは、朴正熙による独裁を支持しました。しかし、独裁政権には市民の声が反映されませんから、韓国国民は苦しみも味わったのです。そして、一九八〇年代に入ると、若者を中心に民主化運動が盛んになっていきます。その結果、八七年には当時、全斗煥《チョンドゥファン》大統領から後継者に指名されていた盧泰愚《ノテウ》が「民主化宣言」を行います。大統領直接選挙制が導入され、金大中《キムデジュン》などの反体制派政治家・活動家が赦免《しゃめん》・復権《ふっけん》されました。

そのように、民主主義を一度失い、民衆の力で取り戻した経緯があるからこそ、韓国人の多くが民主主義というものに対して強い思い入れを持っています。だからこそ、朴槿恵が退陣に至るまでの間に繰り返された「ろうそくデモ」は、あれほどの規模になったのです。

一方で、私には日本人の多くがあまり民主主義に思い入れを持っていないように思えてしまうのです。時折、不正や問題ある行為に対して政権を糾弾《きゅうだん》するようなデモが起きることはありますが、政権がデモの主張と向き合う機会はほとんどありません。福島第一原発の事故後に活発に行われていた反原発デモでは、当時の野田佳彦《のだよしひこ》首相がデモの代表者と対話の機会を持ったこともありましたが、大抵はこれといった成果が得られないまま、すぐに尻すぼみになってしまいます。

同じ一九四五年を機に民主主義国家としての歩みを始めたにもかかわらず、韓国と日本には民主主義に対する温度差が感じられてならないのです。その理由としてよく言われるのは、「日本の民主主義は民衆が権力者から闘い取った経験がなく、敗戦後にアメリカから与えられたものだからだ」ということですね。それも一理ある気がします。

でも、そうした日本にあっても、沖縄だけは県民の連帯が非常に強く、デモなどによって政府に対して声を上げる動きがずっと続いています。それはなぜなのでしょう?

佐藤　それは簡単な話で、沖縄の人々がずっと差別され、虐《しいた》げられてきたからです。だから声を上げないわけにはいかないのです。

金　二一世紀のいまも、まだ差別はあるのですか？

佐藤　構造化されてしまっていますから、いまもあります。その差別が端的に現れているのが、米軍基地の大半が沖縄に押しつけられていることです。

一九五二年に日本が独立を回復したとき、日本にある米軍専用施設の九〇パーセントが本土にありました。沖縄にあったのは一〇パーセントだけです。ところが、それから二〇年を経て一九七二年に沖縄が日本に返還されたとき、本土と沖縄の米軍専用施設の比率はちょうど半々――五〇パーセントずつになっていました。いま問題になっている普天間基地の海兵隊も、元々は岐阜県と山梨県にいました。それが五〇年代に沖縄に移されたのです。

そして、現在はどうかといえば、沖縄に米軍専用施設の七〇パーセントが集中しています。本土にあるのは三〇パーセントのみです。沖縄の陸地面積は日本全体の〇・六パーセントしかないにもかかわらず、そこに七〇パーセントの基地が集中している。それは沖縄が差別されているからにほかなりません。

金　ご存じのように韓国にも米軍がいて、その数は日韓の人口比に近く、五万人弱の日本、三万人弱の韓国といった状況です。しかし、韓国では沖縄のように一定地域に負担が集中することはないですね。

佐藤　そもそも、復帰（返還）前の沖縄には裁判権すらありませんでした。女性が米兵に暴行されたり、子どもが殺されたりしても、アメリカが裁判権を持っているから、裁判をやっても不当な判決しか出なかった。証拠不十分とされて無罪になるか、あるいは有罪になっても、犯人が米国に帰ってしまえば、沖縄としてはそれ以上、何もできなかったのです。

沖縄の人々はそうした状況に強く憤《いきどお》り、「われわれを人間としてきちんと扱ってほしい。そのために、日本国憲法の枠《わく》の中に入れてほしい」と考えました。それが「復帰運動」の本質だったのです。そのような沖縄に対する差別は、戦後に始まったことではありません。それ以前からの長い差別の歴史があったのです。

たとえば、戦前の沖縄の青年たちが日本に来て、「働きながら勉強したい」と思っても、なかなかその希望はかないませんでした。なぜなら、アパート・下宿を借りることが困難だったからです。「沖縄人、朝鮮人お断り」のアパート・下宿が非常に多かったからです。それに、戦前の沖縄には、大学はおろか、高校さえありませんでした。中学までしかなかったのです。

金　教育の面でも差別があったのですね。教育の機会が制限され続けると、差別や偏見《へんけん》が社会的に構造化されてしまいます。日韓にかぎらず、多くの地域で見られる問題です。

佐藤　なぜそうしたかといえば、最初期の東京帝大などに留学した沖縄出身者たちには、日本に対する反発を強めて同化しない傾向があったからです。当局はそれを見て、沖縄に高等教育機関を作って現地で教育すると、日本との統合にマイナスになると見做したんですね。

アメリカはそのような日本の差別政策を知っていたので、戦後の沖縄統治の中でまず、大学を作りました。一九五〇年に開学した琉球大学です。

金　私にも沖縄出身の日本人の友人がいます。彼女は、何人か外国人がいる中で「あなた、日本人ですか?」と聞かれたとき、「はい、日本人です」とは言わず、「私は沖縄人です」と答えていました。いまのようなお話をうかがうと、そのように答えた彼女の気持ちがよくわかる気がします。

佐藤　それから、先ほどの「日本にとっての民主主義とは何か?」という問いについて考えるために、私がおすすめしたい本があります。今中次麿《いまなかつぎまろ》という、大正・昭和期の政治学者の著作で、ずばり『民主主義』というタイトルの本です。刊行は一九四六年一月。

つまり日本の敗戦直後から書かれた本です。日本国憲法が公布されたのは四六年一一月三日ですから、憲法ができる前に書かれたことになります。だからこそ貴重な資料なんです。憲法公布後になると、どうしても憲法を前提として民主主義を論じざるを得ませんから。それ以前に書かれた本だからこそ、敗戦直後の日本人が民主主義をどう理解していたかが、生《なま》の形で表現されているのです。

金　なるほど。それはおもしろそうですね。

佐藤　この本を読むと、当時の日本人の民主主義理解はかなり先進的だったと感じさせられます。たとえば、「ソ連の民主主義」「ナチスの民主主義」という表現が出てきます。つまり、ソ連やナチスの体制も一種の民主主義だという解釈で、これはカール・シュミットの民主主義論を踏まえると、そのとおりなんですよ。要するに今中次麿は、民主主義が独裁やファシズムに転化することもあり得るのだと、民主主義の孕む危険性までちゃんと理解していたわけです。ほかにも、〝国家神道こそ民主主義に敵対するもので、諸悪の根源だ〟ということをいち早く主張している部分もあります。

金　民主主義が機能しているように表面上は見えながら、気づけば独裁が生まれている皮肉な状況は、先の韓国の朴正熙時代を含め、時折起きてしまいますね。そして、宗教を用いて異論が排除されることもある……。その本、ぜひ読んでみたいと思います。

韓国に残る、激しい地域対立

金　いまも沖縄に対する差別構造があったり、いろいろ問題はあるとしても、私は日本の各地方がおおむね満遍《まんべん》なく発展している点はすばらしいと思います。韓国は「道」（日本の「県」に相当する韓国の行政区画）ごとの格差がすごく大きくて、地域対立も激しいですから。なかでもよく知られているのは、慶尚道《キョンサンド》と全羅道《チョルラド》の長年にわたる地域対立です。

佐藤　大統領には慶尚道出身の人が多いんですよね。

金　そうです。韓国の歴代大統領一二人のうち、じつに七人までが慶尚道出身です。逆に、全羅道出身の大統領は金大中しかいません。金大中が当選した一九九七年の大統領選では、金の得票率は全羅道では九割に上ったのですが、それに対して慶尚道での得票率は一割台にとどまりました。日本の県レベルで与野党の候補者に対して、これほどの差が出ることはありません。

佐藤　たしか、韓国の国会で、全羅道出身の人の訛《なま》りを真似《まね》てからかう演説をした政治家がいて、大問題になったことがありましたね。

金　そうですね。慶尚道と全羅道の対立はとても根が深く、三国時代にまで遡《さかのぼ》ります。当時「百済《くだら》」があったのがいまの全羅道で、百済を滅ぼして朝鮮半島を統一した高麗《こうらい》の王建《ワンゴン》が、百済出身者の人材登用を厳しく制限したことが、対立の淵源《えんげん》です。その後も、全羅道の地域は中央政府から排斥《はいせき》される傾向が続いて、差別意識は現代にまで受け継がれてしまいました。とくに一九六一年に朴正熙が軍事クーデターで政権を掌握《しょうあく》すると、政治的なライバルの金大中が全羅道の出身だったこともあって対立はさらに深まりました。朴は自らの出身地である慶尚道を、公共投資や人材登用などであからさまに優遇し、逆に全羅道は冷遇したのです。先に挙げた教育の機会が構造的に差別や偏見を生み出してきたように、経済的な格差も差別を助長します。経済的に低い位置にいる人々に対して、「怠惰《たいだ》だ」「狡猾《こうかつ》だ」といった否定的なイメージが形成されてしまうのです。

佐藤　「光州《クァンジュ》事件」（一九八〇年に、民主化運動を政府が武力弾圧して多くの犠牲者を出した事件）の舞台となった光州も、全羅道にある都市ですよね。全羅道であのような事件が起きたということに、象徴的な意味があると思います。

金　おっしゃるとおりです。全羅道は中央政府に虐げられてきた歴史を持っているので、反権力の精神、民主化へのエネルギーを激しく燃やしてきた道なのです。韓国にそのような地域格差・地域対立があるのに対し、日本は発展が平均的ですよね。韓国人から見ると、その点は少しうらやましいです。各地域の政治家が地元に利益誘導してインフラ整備などを進めたせいでしょうか。

佐藤　国会議員が自分の地元に利益誘導してインフラ整備を進めるというのは、田中角栄以降でしょうね。それ以前の日本は基本的に「薩長土肥《さっちょうどひ》体制」で、明治維新を推進した薩摩藩・長州藩・土佐藩・肥前藩にあたる県が、インフラ整備などでも優遇されていました。

あと、それとは別に、東北のインフラ整備も比較的進んでいました。それはなぜかというと、戊辰《ぼしん》戦争で徹底的に中央政府に抵抗したのが、会津藩だったからです。そこから、「このままでは日本の国家統合は維持できない」という危機感が生まれて、明治政府は東北を重視したのです。

たとえば、日本を担うエリートたちを育《はぐく》んだ、「ナンバースクール」と呼ばれる旧制高校がありますが、そのうち「一高」が東京で、「二高」は仙台にありました。「三高」

が京都です。東京の次に、仙台にナンバースクールを作ったのです。それくらい重視していた。

金　そんなふうに、各地方の発展が平均的でうまくいっていた日本ですが、近年になって地方の疲弊《ひへい》ということがよく指摘されていますね。一方で、多くの税金を納めているのは都心部の住民なのだから、その比率に沿って都心部へのインフラや福祉を充実させてほしいという声が上がることもめずらしくなくなりました。また、返礼品が話題になった「ふるさと納税」も、地方からの人口流出の表れと見ることができます。そのような現状を、佐藤さんはどうご覧になっていますか?

佐藤　新自由主義化が急速に進んで、日本社会にも競争原理が全面的に取り入れられたということだと思います。だから、強い大都市部はますます強くなり、弱い地方は疲弊《ひへい》が進んでいる。アベノミクスによって日本経済は伸長していますが、それはいまのところ、富裕層と中間層の上層部だけを潤《うるお》しています。そのことも、都市部と地方の格差拡大に拍車をかけていますね。たとえば、東京のシティホテルの高級レストラン――一人三万円くらいかかるクラスのレストランは、いつもいっぱいで、予約を取るのが大変になっています。富裕層と貧困層の二極化が、日本でも進んでいるのです。

ただ、それは日本にかぎった話ではなく、世界的な傾向だと思います。その背景にあるのは二〇世紀末の共産主義体制崩壊でしょう。共産主義体制が厳然とあった時代には、資本主義国は「共産主義に侵食されたら困る」ということで、大企業などにも国が介入してある程度の平等を保っていた。その必要がなくなったから、近年になって資本主義の本性が出てきたということでしょう。

金　たしかに、韓国でも一九九七年の通貨危機と、IMF（国際通貨基金）による救済は非常に大きな分岐点で、そこを機に一層激しい競争社会になった気がします。新自由主義の色彩が強い経済政策を受け入れざるを得なかった一方で、経済の推進役として財《ざい》閥《ばつ》企業を存続させたことで「持つもの」と「持たざるもの」の格差が明らかになりました。それは佐藤さんのおっしゃる「資本主義の本性が出てきた」ということなのかもしれません。

「ナショナリズムを超克する価値観」の重要性

金　この対談を通じて考えていきたい大きなテーマとして、「北東アジアを一つにつなぐものは何か?」ということがあります。独裁の方向に進みかねない危険な萌芽《ほうが》も見られるいまの社会のなかで、自分たちの声が社会に届かない、切り捨てられた人々もたくさんいます。その人たちをどうやって連携させ、北東アジアをよい方向に変えていくか、ということを考えていきたいのです。彼らの声に耳を傾ける民主主義や対話といった概念を重視しつつも、何を軸に連携していけると思いますか。

佐藤 そのためには、「ナショナリズムを超える価値観」が必要ですよね。ナショナリズムは国と国を分断させますから。そう考えると、一つの大きなヒントになるのが、SGI(創価学会インタナショナル)の存在です。韓国でもSGIは一大勢力になっているでしょう。

金 そうですね。韓国には一五〇万人くらいの会員がいると聞いています。

佐藤 韓国のSGIメンバーは、独島(竹島)についてどう捉えていると思いますか?

金 それはやはり、「独島は韓国領だ」と考えているのではないでしょうか?

佐藤 当然、そうだと思います。一方、日本の学会員には、「竹島は日本の領土だ」と考えている人が多いでしょう。じゃあ、韓国のSGIメンバーが日本の学会員と会って話をした場合、領土問題をめぐってケンカになるでしょうか?

金　ならないと思います。

佐藤　そう、ケンカにはならないはずです。なぜなら、彼らはナショナリズムを超える共通の価値観で結ばれているからです。それは池田大作ＳＧＩ会長から学んだ人間主義、平和主義であり、生命の尊厳を何よりも重視する価値観です。もっと平たく言うと、「池田先生を悲しませるようなことはしたくない」という共通の思いを持っている。だから、それよりも低い位置にあるナショナリズムによってケンカをしたりはしないのです。また、台湾のＳＧＩメンバーは、「釣魚台列嶼《ちょうぎょだいれっしょ》（尖閣諸島《せんかくしょとう》）は台湾領だ」と考えているでしょう。それでも、台湾のＳＧＩメンバーと日本の創価学会員が、尖閣問題をめぐってケンカすることはありません。

金　なるほど。それが「ナショナリズムを超える価値観」によって、国を超えて結ばれるということなんですね。国を超える概念の存在は、多くの人にとってもよいヒントになります。

佐藤　それは、キリスト教など、ほかの世界宗教についても然《しか》りです。たとえば、金大中が日本に来たときには、彼と同じキリスト教徒の日本人が助けていました。それは政治行動というより、同じキリスト教の同志としての行動、キリスト教的価値観に基づく行動だったのです。そのように、宗教は「ナショナリズムを超える価値観」となって、国境を越えて北東アジアを結ぶ力となります。

一方、民主主義が「ナショナリズムを超える価値観」になり得るかといえば、おそらくなり得ないでしょう。民主主義のいちばん難しいところは、代議制民主主義をとるとナショナリズムと結びつきやすくなるという点にあるからです。その危険性を回避するためには、民主主義以外の行動原理を持つことが必要になる。それを「世界市民主義」と言ってもいいでしょう。SGIにも、〝仏教に基づく世界市民主義〟としての側面があります。各国のSGIメンバーは当然それぞれの国家に帰属《きぞく》しているけれど、同時に世界市民でもある、と……。そういう意識があるからこそ、SGIはナショナリズムに吸収されないのです。「ナショナリズムに吸収されない民主主義を、われわれはどうやって構築していけばよいか」――これは非常に大きい課題で、SGIはそこに一つの答えを提示していると思います。

金　いまおっしゃった、「ナショナリズムに吸収されない民主主義の構築」――これはまさにこの対談を貫くテーマの一つで、そのテーマをさまざまな角度から語り合っていけたらと思います。

佐藤　そうですね。そこでもう一つ、共通の価値観として重要になってくるのは、ジェンダーですね。戦前の日本には家父長主義という重大な問題があって、戸主《こしゅ》、すなわち男の意思がその家の政治意思なのだと見做《みな》すことによって、女性には選挙権が与えられていませんでした。いまでも、ジェンダー的感覚の乏《とぼ》しさというのは日本の大きな問題で、その点では韓国から学ぶべき点も多いと思いますよ。

金　ご存じのように、韓国も家父長制は強いのですが、一方で近年の女性の社会進出のスピードは目を見張るものがあります。社会の変化の速度は韓国の特徴と言えるかもしれません。韓国と日本は、互いのよいところを学び合っていけるはずですし、それが両国にとってプラスになると思います。

佐藤　そのとおりです。そして、有意義な学び合いにするためには、互いにとってのいちばん嫌《いや》な記憶から目を背《そむ》けてはならないと思います。「過去に目を閉ざす者は、現在に対してもやはり目を閉ざす」というヴァイツゼッカー（第六代ドイツ連邦共和国大統領）の名言があるとおり、そこから目を背けてはいけない。それはたとえば日本の植民地支配であったり、慰安婦問題であったり、私の場合だったら、母から聞かされた沖縄戦の話であったり……。

二〇一〇年に死んだ私の母は沖縄の久米島《くめじま》――沖縄本島から西一〇〇キロのところにある島の出身で、一四歳のときに軍属として沖縄戦に参加しました。最後、米軍に追い詰められて捕虜《ほりょ》になりそうになったとき、母は自決用に持っていた手榴弾《てりゅうだん》で自決しようとしました。手榴弾のピンを抜いてサンゴ礁《しょう》の壁に叩きつけていたら、母はもちろん、その場にいた一七人が全員死んでいたでしょう。でもそのとき、横にいた北海道出身の下士官が、「死ぬのは捕虜になってからでもできる」と母を諌《いさ》めて、止めたそうです。その人が止めてくれなかったら、母が原因で一七人が死んでいたのです。

それで母は捕虜になり、いまの辺野古《へのこ》基地のそばにあった「琉球人収容所」に入れられました。当時、アメリカは「日本人と琉球人は別民族」という立場をとっていたので、琉球人は琉球人収容所に入れられたのです。母はそこで一年余を過ごし、ようやく故郷の久米島に帰りました。

その間、久米島で何が起きていたか？　本島で捕虜になった久米島出身者が、日本政府がポツダム宣言を受諾したあと、米軍の指示によって久米島に赴《おもむ》き、「もう日本軍は降伏したから」ということを伝えました。すると、島に残されてゲリラ化していた日本海軍の久米島守備隊の兵隊たちに、子どもも含めて焼き殺されました。「敵に寝返ったスパイ」と見做されたためです。当時、久米島には韓国人男性と日本人女性が結婚した家族もいましたが、その家族は「朝鮮人だからスパイだろう」と言われて殺されました。

金　ひどい話ですね。胸が痛みます。戦争や非常時には皆が疑心暗鬼《ぎしんあんき》に陥《おちい》り、心の奥に潜《ひそ》めていた敵意や偏見が増幅されやすいですね。関東大震災時の朝鮮人虐殺《ぎゃくさつ》、あるいは韓国でも朝鮮戦争の前後には社会主義への脅威《きょうい》が高まり、韓国人同士で殺し合いをしてしまった事件もありました。久米島の件も同じ系譜《けいふ》にあたると思います。

佐藤　その人たちは、「沖縄人だから」「朝鮮人だから」という自らの属性《ぞくせい》を理由に、日本人によって殺されたわけです。そういう悲劇が、久米島という小さな島で起きた。いま私たちがアジアの未来を考えるうえで、まず考えなければならないことは、そのような悲劇が今後、絶対に起きないような北東アジアを築かないといけない、ということです。それは私たちが父母の世代、祖父母の世代から託された重要な宿題と言えます。

金　たしかに、北東アジアには歴史的にも、現在も、さまざまな問題があります。そのどれか一つにフォーカスするというより、鳥瞰的《ちょうかんてき》にいろんな問題を俎上《そじょう》に載せて、「ナショナリズムを超える共通の価値観」を探していきたいと思います。

2章 朝鮮半島の過去・現在・未来

平昌オリンピックという転機

金惠京　この章のテーマは朝鮮半島の歴史と現在、未来ですが、まず、今年開催された平昌《ピョンチャン》冬季オリンピック（二〇一八年二月九～二五日）の話題から入りたいと思います。

平昌オリンピックでは、韓国と北朝鮮がアイスホッケー女子の南北合同チームを結成するなど、平和ムードが強調されました。そのことが金正恩《キムジョンウン》の「ほほえみ外交」と表現されて、日本のマスコミではよく「北朝鮮のほほえみ外交にだまされるな。あれは上《うわ》っ面《つら》だけだ」という批判的な論調が見られました。

しかし、なぜ平昌オリンピックで金正恩が「ほほえみ外交」を選んだかといえば、それまでに軍事・経済・外交のすべてに行き詰まった状態になったからだと思います。ほかに打つ手がなくなったからこそ、初めて譲歩《じょうほ》をして見せたのだと……。

私はその譲歩の様子を見て、太平洋戦争直前の日本を思い出しました。当時の日本はアメリカに対して、助けを求めたり、話し合いを求めたりと、譲歩の姿勢を見せました。しかし、それに対してアメリカはさらなる圧力をかけ続けるのみでした。そのため、追い詰められた日本は「窮鼠猫《きゅうそねこ》を嚙《か》む」状態になって勝算のない暴発《ぼうはつ》をし、太平洋戦争が起きてしまった。もちろん、当時の日本よりも現在の北朝鮮のほうが、はるかにひどい状況に陥《おちい》っています。それでも、シチュエーションとしてはよく似ている気がするのです。

北朝鮮が見せた「ほほえみ外交」という譲歩に対して、さらなる圧力のみで臨《のぞ》んだとしたら、「勝算のない暴発」を招きかねません。とくに金正恩は自分の兄を暗殺させ、叔父を処刑するというメンタリティを持った人物でもあるわけで、その意味でも暴発の危険性は常に考えておくべきです。

佐藤優　よくわかります。

金　「北朝鮮と対話などする必要はない」と主張する強硬派の論者は日本に多いですが、そのように対話を否定する人は、「何が最優先されるべきか？」という発想が弱いのではないかと感じます。最優先されるべきは、北朝鮮の核の脅威《きょうい》の解消です。一足飛びに完全な核廃絶はできないにせよ、まずは核開発をストップさせる、凍結《とうけつ》へと向かわせるということこそ、北東アジアの平和にとって最も大切なことであるはずです。

佐藤　完全に同意します。北朝鮮との対話を拒否することは、核の脅威を増すことにはつながっても、脅威の解消にはつながりません。

金　北朝鮮が米国本土まで届くＩＣＢＭ（大陸間弾道ミサイル）を開発してしまったとしたら、それが招くのは北朝鮮に対するさらなる軍事的圧力、経済制裁、外交的な孤立でしかありません。もっとも、金正恩もそのことはすでに理解していると思います。

そうした中で、韓国の文在寅《ムンジェイン》大統領が北朝鮮に伝えなければならないメッセージは、「韓国との共同歩調が北朝鮮を順調に発展させる唯一の道である」ということ。そしてもう一つは、「オリンピック後に北朝鮮が核実験を再開すれば、韓国の対話推進派の不支持を招き、北の経済発展は一層遠のく」ということだと思います。

佐藤　「北風と太陽」で言えば、韓国は北朝鮮に対して「太陽政策」で臨めということですね。そのとおりだと思います。

金　平昌オリンピックについての報道を、私は注意してウオッチし、実際に現地にも足を運びましたが、韓国の若者層にも大きな変化が見られました。

開会式前後の平昌やソウル市内で、統一旗――南北統一を象徴する旗を振ってデモしている若者がたくさんいました。つい一年前には朴槿恵《パククネ》弾劾《だんがい》のろうそくデモに参加していたような若者が、今度は韓国と北朝鮮の統一を目指す政治行動をしていたのです。

たしかに、平昌オリンピックが始まる前には、南北合同チームを作ることに否定的な若者が多かったのも事実です。肯定的に捉《とら》えた人は、二〇代は二八パーセントしかいませんでした。彼らの親世代が生まれたときには、すでに南北は分断されていて、いまの若者世代にとって北朝鮮との統一は単なる理想論や韓国の負担増にしか映らない場合が多かったのです。ところがオリンピックが終わったあとの世論調査では、南北合同チームについて「やってよかったと思う」と肯定的に捉える意見が二〇代の半数を超えていました。やはり、実際に北朝鮮の選手たちが韓国に来て一生懸命、競技を行い、韓国選手と同じ言葉を使いながら、

2月25日、平昌五輪閉会式で入場する「コリア」の選手団（韓国・平昌）　時事

一緒にがんばる姿を見たことが影響したのでしょう。そういう経験を重ねていくことが、朝鮮統一を前向きに捉える新たな世代を育《はぐく》むために大切なのだと思います。

佐藤　ネルソン・マンデラの言葉に、「スポーツには、世界を変える力があります。政府人々を鼓舞《こぶ》し、団結させる力があります。人種の壁を取り除くことにかけては、政府ももかないません」というものがあります。南北朝鮮の「壁を取り除く」時代に向けて、平昌オリンピックは一つの重要な役割を果たしたのですね。そのことは虚心《きょしん》に評価すべきで、シニカルに捉えるのはよくないと私も思います。

金　マンデラの言葉には、自らが批判を受けつつも白人と黒人の融和《ゆうわ》を進め、自国でのラグビー・ワールドカップを成功させた経験に基づいた説得力がありますね。もちろん、すぐにすべてが解決したわけではありませんが、尊敬や信頼を、スポーツを通じて実感することはたいへん有効です。その意味で、平昌オリンピックは朝鮮半島の歴史の中で一つの転機になったと思います。

「シニカルに捉える」といえば、文在寅大統領の北朝鮮に対する姿勢について、日本のメディアの報道は総じてシニカルですね。「文大統領は北朝鮮に利用されている」とか、そういう論調が目立ちます。でも、文大統領に対しては、韓国の情報機関や軍から、機密情報のブリーフィングが毎日行われているはずです。つまり、北朝鮮側の思惑《おもわく》や状況はすべてわかったうえで、文大統領は現在のような行動をしているのです。日本の一部メディアがいうように、「何もわかっていないから北朝鮮の表面的な笑顔にだまされている」ということは決してないはずです。

佐藤　そのとおりだと思います。

金　佐藤さんは、平昌オリンピックを契機とした南北の対話について、どう捉えていらっしゃいますか？

佐藤　日本のメディアの見方は、「韓国の文大統領は、北朝鮮との関係を改善したいが、自分だけが先走りをしたくない。だからアメリカを巻き込んだのだ」というものでしたね。ところが、その後アメリカの『ワシントン・ポスト』紙の電子版が、〝じつは北朝鮮の金与正《キムヨジョン》（金正恩の実妹で、北朝鮮の「実質ナンバー2」とも言われる）サイドから韓国に「アメリカのペンス副大統領と会談したい」と申し出たのだ。ペンスは承諾したものの、二時間前になって突然、北朝鮮側が会談をキャンセルしてきた〟とスクープしました。そのスクープを米国務省も認め、その後にホワイトハウスも認めた。つまり、文大統領ではなく、北朝鮮側のイニシアチブだったことが明らかになったのです。

金　北朝鮮は、なぜアメリカの政権幹部との直接会談という重要な機会を突然、キャンセルしてしまったのでしょう？

佐藤　おそらく、北朝鮮は「瀬踏《せぶ》み」をしたんですね、「トランプ政権は北朝鮮と交渉をする意思があるかどうか」を……。

交渉術のイロハとして、第一段階では「接触はするが、具体的な交渉はしない」ということがあります。ところが、いまの時点で金与正とペンスが会えば、それは必然的に「交渉」になってしまいます。交渉となれば、失敗する可能性があるとの責任が金正恩の実妹である金与正に及ぶことは避《さ》けなくてはならない。だから、実際に会見することは避けた。「トランプ政権は交渉の意思がある」ことが確認できたから、そこまででよかったのです。つまり、二時間前にドタキャンを決めたわけではなくて、あらかじめ決めていたことなのだと思います。

金　交渉で妥協はしたくなかったということですか？

佐藤　そう。そして、金与正が出てきたということは、最初からペンスと会見をするつもりはなかったということなのです。繰り返しになりますが、金正恩の実妹である金与正は、北朝鮮におけるロイヤル・ファミリーの一員であり、彼女が外交交渉を行って失敗すること自体、北朝鮮の論理からして許されないからです。金正恩が無《む》謬《びゅう》の存在として扱われているのと同じです。

そのことは、日本の皇室とのアナロジー（類推《るいすい》）で考えたらわかりやすい。先ほど金先生が太平洋戦争直前の日本について話されましたが、当時、日本の軍部の中には、「昭和天皇の実弟である秩父宮《ちちぶのみや》を、連合国との和平交渉に担《かつ》ぎ出せないか？」と考えていた人たちがいたようです。でも、そのアイデアは実現不可能でした。なぜなら、皇室の秩父宮が交渉して、もしも失敗したら、その責任は昭和天皇にまで及ぶ

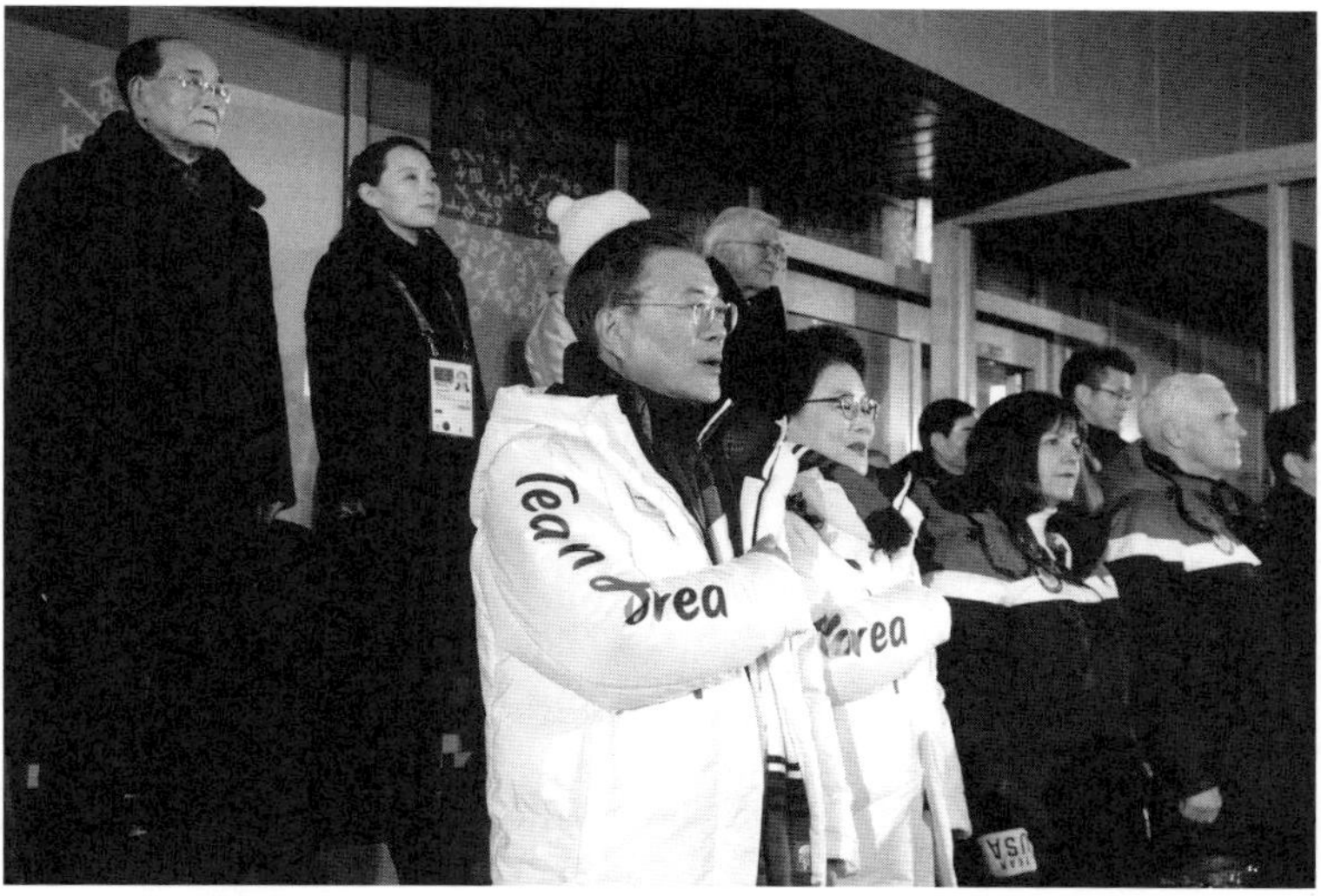

2月9日、平昌五輪開会式に臨むペンス米副大統領（前列右）、文在寅韓国大統領（前列左）、北朝鮮の金与正氏（後列左から2人目）、金永南最高人民会議常任委員長（後列左）ら　AFP＝時事

からです。天皇に政治責任を負わせるわけにはいかない——それが当時の日本の論理でした。いまの北朝鮮も同じことだと思います。金正恩や金与正に責任を負わせるようなことは、決してできない。「無責任の体系」の中にいる人たちなのです。

金　たしかに、戦時中に機密事項にかかわっていた皇族の中には、偽名を用いて職務に就いていた事例もありましたね。国家としては、ロイヤル・ファミリーは象徴的な存在でなければならない……。その意味では、東アジアに共通する責任に対する価値観、あるいは近現代におけるロイヤル・ファミリーの政治とのかかわり方を考えさせられる事例でもあったのですね。

佐藤　ただ、平昌オリンピックをめぐる一連の出来事の中で、南北間の相互理解が進んだこと、アメリカは北朝鮮との対話交渉の意思を持っていることが確認できたことは、意義が大きい。今後、米朝は対話の方向に進んでいくでしょう。

その方向性を示す一つのシグナルは、トランプ大統領が「在イスラエル米大使館のエルサレム移転を、五月に前倒しする」と発表したことです（実際に、五月に移転）。

今年（二〇一八年）一月の段階では、ペンス副大統領が「移転は来年だ」と発言していました。にもかかわらずそれを早めたということは、内政上の思惑から、イスラエルとの関係を強化することをトランプ政権が決めたということです。そのことによって中東情勢は今後、緊張していきますから、アメリカは中東に力を向けざるを得ず、北朝鮮との対決に力を割《さ》くことは難しくなります。二正面作戦を展開するほど、いまのアメリカに余力はありませんから。したがって、米朝の対話の機運は高まっていく……こういう流れです。

金　私は東アジアの国際関係について発言することが多いのですが、その際に、どの国でも自国の事情ばかりを主張して相手国の背景や歴史を無視する傾向があると感じています。二国間、あるいは三国間での意思や置かれた状況を検証しなければ、単に感情を述べているだけに終わってしまうのですが……。

一方で、実際の外交の世界では、周辺国や同盟国はもちろん、東アジアと中東の動向も同時に目配りするような姿勢を持つことが求められているのですね。

佐藤　それから、北朝鮮の核開発についていえば、かりに完全な非核化ができなかったとしても、北朝鮮に攻撃の意思を持たせないようにすることができれば、そのことによって核の脅威は実質的になくなります。というのも、いまこの瞬間においても、アメリカもロシアも、日本を壊滅《かいめつ》させるに十分な量の核兵器と弾道ミサイルを持っているわけです。それでも、日本人は「アメリカやロシアの核の脅威」は感じていないでしょう。両国に日本を攻撃する意思がないと知っているからです。同様に、日中関係にもさまざまな問題は存在しますが、かといって、「中国の核兵器の脅威におびえている」という日本人はほとんどいないでしょう。中国には日本を核兵器で攻撃する意思はないと知っているからです。ということは、北朝鮮に攻撃の意思さえなくなれば、「北朝鮮の脅威」もなくなるのです。そして、攻撃の意思をなくすために必要なのは、北朝鮮に対する制裁と圧力ではなくて、対話と妥協だと私は思います。

金　対話や妥協というと、理想的だとか弱腰だというように捉えられることが多いのですが、北朝鮮との関係を考えるとき、それは極めて現実的な手法です。たとえば、北朝鮮との関係が安定すれば、韓国をはじめ周辺国は軍事予算を削減することができます。延《ひ》いては国家財政を潤《うるお》すこととなり、その余剰を人々の暮らしの向上やインフラ整備といった予算に振り分けることもできるでしょう。

とくに韓国の場合は、北朝鮮との関係が安定すれば、二〇代の若者が必ず経験する徴兵期間の短縮や撤廃にもつながっていきます。彼らの空白期間を想定しなければならない教育や仕事の現場でも、その恩恵は計り知れません。妥協は前進のための手段なのだと、見方が変わってくれればと思います。

佐藤　先ほど金先生が、統一旗を振る韓国の若者たちのことや、平昌オリンピックにおける南北合同チームへの世論の変化について話されました。おそらく、北朝鮮側にも同じような変化が起きたはずです。あの国には世論調査がないから、「韓国に対する好感度が何パーセント上がった」という具体的な数字はわかりません。それでも、きっと好感度は上がったはずです。北朝鮮にも草の根の民衆がいるわけで、その民衆の意識は、韓国や日本の民衆と大きく異なるはずがない。北朝鮮の民衆も、「平昌オリンピックで南北合同チームができてよかった」と感じているはずです。

統一旗には、「白い下地にスカイブルーの朝鮮半島と済州島《チェジュド》」が描かれていました。その中には独島《トクト》——日本でいう竹島も描き込まれています。つまり、「独島は韓国の領土だ」という主張を含むデザインの旗を、韓国の若者たちが振ってデモをしていたわけです。そのことについて日本政府は、形式的な抗議はしたものの、特段焦点をあてるようなことはしませんでした。「大人の対応」をしたわけです。その点で、日本政府も以前と比べ、韓国に対する姿勢が成熟してきたと感じました。

要するに、韓国も北朝鮮も日本も、平昌オリンピックを通じて、危険なナショナリズムとは逆の方向、望ましい方向に一歩進んだのです。その意味で、大きな意義のあったオリンピックだったと思います。

米朝戦争が起きれば死者は二〇〇万人

佐藤 金先生、「朝鮮国連軍地位協定」というものを聞いたことがありますか?

金 はい。日本語なら、金正男《キムジョンナム》氏に個人的にインタビューを行ったことで知られる東京新聞の五味洋治さんが昨年(二〇一七年)執筆された、『朝鮮戦争は、なぜ終わらないのか』(創元社)という本に詳しいですね。

佐藤 これは朝鮮戦争のときに創設された「国連軍」が、日本に滞在する間の権利や義務、待遇を定めた協定です。朝鮮戦争が休戦した一九五四年に締結されたもので、旧安保条約と結びついています。ということは、「事前協議の必要はなく、アメリカが一方的に行える」ことを意味します。

協定では、朝鮮半島における戦争に、アメリカは日本政府の了解を得ないで参加できると定められています。しかも、日本国内の七つの米軍施設——横田・横須賀・座間・

佐世保・嘉手納・普天間飛行場・ホワイトビーチ——を、日本は使わせないといけないことになっています。そのことは外務省のホームページにも明記されていますが、一般の日本人は意外に知らないですね。

金　残念ながら、そのとおりですね。朝鮮戦争やベトナム戦争といったアメリカがアジアで行った戦争では、日本は補給基地として重要な役割を果たしてきたことを忘れてはいけません。そして、現在と過去との違いは、敵対する国の攻撃力です。かつての北朝鮮やベトナムは、日本を攻撃する能力は持ち合わせていませんでしたが、いまの北朝鮮は違います。

佐藤　かりに米朝戦争が起きたとしたら、日本にある七つの施設は間違いなく北朝鮮によって攻撃されるでしょう。「米朝戦争に日本も巻き込まれるかもしれない」などというレベルではないのです。朝鮮国連軍地位協定によって、朝鮮半島有事の際には、日本はただちに在日米軍基地を提供しなければならない。のみならず、物資・食糧を含めた兵站《へいたん》の補給もしなければならない約束になっているのです。

外務省の公式サイトの「朝鮮国連軍と我が国の関係について」というページには、次のような項目があります。

「我が国が朝鮮国連軍の使用に供する施設は、国連軍地位協定と同時に作成された同協定についての合意された公式議事録（第5条に関する部分）に従い、『朝鮮における国際連合の軍隊に対して十分な兵站上の援助（logistic support）を与えるため必要な最少限度に限るもの』となっている」

「必要な最小限度」とありますが、その前に「十分な兵站上の援助」とありますから、実質上〝国連軍が朝鮮半島で戦うために必要なものは、日本が全部揃えますよ〟ということです。もちろん、それは自衛隊が直接の戦闘行為に加わるということではない。しかし、加わらないとしても、国際法的には戦争をしている国の同盟国になるのです。だから、北朝鮮に攻撃されても、国際法的には文句は言えないわけです。そのことを、どれだけの日本人が理解しているでしょうか?

金　日本の大きな問題は、安全保障の問題に対しても歴史問題と同様に感情で対処してしまうことだと思います。前提となる法令、国際法の存在があるのにそれらを無視して、相手国への敵意が前面に出てきてしまうのです。たしかに、国民感情としては理解できますが、政治家、官僚、メディア、関係者はそうした前提を丁寧《ていねい》に説明し、指摘する責任があります。

佐藤　排外意識の強いネトウヨ（ネット右翼）の中には、「北朝鮮なんかアメリカに滅ぼされてしまえばいい」などと放言して、米朝戦争を待望しているような人たちもいます。その人たちは、日本も必然的に巻き込まれることを知ったほうがいい。決して対岸の火事ではないのです。

朝鮮国連軍の司令部は韓国のソウルにありますが、後方司令部は日本の横田基地の中にあるのです。トランプ大統領は二〇一七年一一月に横田基地に来て、軍服姿であいさつをしましたね。あれはじつは、朝鮮国連軍に対する激励だったのです。

金　トランプ大統領はその後、横田基地を出発して韓国に向かったのですが、そこでも在韓米軍の烏山《オサン》空軍基地を利用しました。同基地は今年（二〇一八年）四月にはＣＩＡ長官時代のポンペオ現国務長官が、北朝鮮を極秘に訪問した際にも使っています。その意味で、トランプ政権はこれまでの政権に比べて、日韓の米軍施設を意識していますね。それだけ、東アジアにおける米軍の位置づけが、北朝鮮との危機の中で重視されていると見ることもできます。

佐藤　私は先日、外務省の最高幹部をやっていた人と会う機会があって、そのときに、「もし米朝戦争が起きたら、どれくらいの死者が出るとシミュレーションしているのですか？」と聞いたんです。その人が言うには、「二カ月くらいで米軍は北朝鮮全域を占領するだろうが、その間におそらく二〇〇万人以上の死者が出るだろう」とのことでした。太平洋戦争における日本軍の死者が、餓死、戦病死を含めて約二三〇万人です。これに匹敵するほどの死者が、朝鮮半島で出てしまうということです。

まことに恐るべきことで、それほど甚大《じんだい》な被害をもたらす戦争に踏み込むことは、アメリカにはできないと思います。また、日本もその戦争を煽《あお》るようなことをしてはいけないんですね。やはり「戦争ほど悲惨なものはない」のです。私たちが考えるべきことは、いかに朝鮮半島の平和を維持するかということで、そのためには対話と妥協こそ何よりも重要なのです。

金　かつての太平洋戦争や朝鮮戦争の時代との、もう一つの違いは日韓両国の地位の変化です。二〇一七年の世界のＧＤＰランキングで三位の日本、一一位の韓国が戦争状態に入り、東京やソウルが水爆攻撃を受けた場合、先ほどの想定以上の犠牲者が出ることはもちろん、世界経済への影響は甚大なものになります。それを避けるために、世界が対話や妥協を支持している事情を知る必要がありますね。

佐藤　私は日本の論壇の中で、対北朝鮮についてずっとそう言っているのですが、完全な少数派です。「北朝鮮に対する制裁をもっと厳しくしろ」と主張する論者のほうが多数派なのです。

金　この対談は完全な少数派同士のやり取りですね。私も先日テレビで今後の見通しを複数の関係者の方と共に発表したことがあったのですが、今年中に南北首脳会談が行われると明確に主張したのは私だけでした。日本において北朝鮮との対話に対する消極的な評価を実感することは本当に多いです。

歴史から読み解く南北関係

金　ここで少し歴史に目を向けて、韓国と北朝鮮がいまのような緊張関係に至った経緯を振り返ってみたいと思います。

緊張の発端《ほったん》は、言うまでもなく朝鮮戦争ですね。一九五〇年に勃発《ぼっぱつ》し、五三年に休戦となったものの「終戦」には至らず、そのため「世界一長い戦争」とも呼ばれています。この朝鮮戦争では、韓国側だけでも一〇〇万人をはるかに超える死者が出ました。現在まで続く韓国の徴兵制が始まったきっかけでもあります。

戦争の詳しい中身についてはここでは割愛《かつあい》しますが、朝鮮戦争とは要するに、アメリカとソ連（当時）の冷戦が引き起こした戦争でした。言い換えれば、米ソの利害によって、朝鮮半島の民衆の幸福が「切り捨てられた」戦争でもありました。

戦争によって朝鮮民族は南北に引き裂かれ、多くの離散《りさん》家族も生まれました。また、韓国国内の人々も「保守」と「リベラル」に分断されました。戦争が生んだ苦難から来る怒りを冷戦構造やアメリカに向けた人は「リベラル」になり、北朝鮮や共産主義に向けた人は「保守」になりました。保守とリベラルの分断は、いまなお、韓国社会に大きな影を落としています。

そして、一九六〇年代から八〇年代にかけては、韓国で北朝鮮による多くのテロ事件が起きた時代でした。とくに有名な事件として、一九六八年の「青瓦台襲撃未遂事件《チョンワデ》」、八三年の「ラングーン事件」、八七年の「大韓航空機爆破事件」が挙げられます。

佐藤　青瓦台襲撃未遂事件は、北朝鮮の特殊部隊が青瓦台（韓国の大統領府）を襲撃して、当時の朴正熙《パクチョンヒ》大統領と閣僚を暗殺しようとした事件ですね。たしか、北朝鮮特殊部隊の一人が生け捕《ど》りになったんですよね？

金　そうです。その後、彼は転向して、現在も韓国でプロテスタントの牧師として活動していきます。とはいえ、韓国にとってその事件が与えた影響は大きく、対抗措置として「シルミド部隊」——北朝鮮に侵入して当時の最高指導者・金日成《キムイルソン》を暗殺するための極秘部隊を創設しました。「シルミド」とは、その部隊が結成された島の名（実尾島）です。この部隊のことは二〇〇三年に『シルミド』という韓国映画になっています。日本でも観た人は多いようです。

北朝鮮の核ミサイル開発問題への対抗措置として、トランプ大統領が金正恩に対する「斬首《ざんしゅ》（暗殺）作戦」を決行するのではないかと、少し前によく取り沙汰されましたね。そのとき私が想起したのはシルミド部隊のことでした。

それから、八三年の「ラングーン事件」と八七年の「大韓航空機爆破事件」は、私にとってはいずれも小学生時代の出来事で、幼心にも衝撃を受けました。ラングーン事件では副総理が犠牲になり、大韓航空機爆破事件では乗員・乗客一一五人が犠牲になりました。航空機が墜落した海域で、遺族の方が船上から叫《さけ》んでいる光景がいまも目に焼きついています。あのころの韓国には社会全体に緊張があって、「北朝鮮は敵だ」という意識が国民全体に共有されていました。北朝鮮の襲撃に備えた避難訓練がよく行われていたりして……。

佐藤　私も大学生時代にソウルに行ったとき、ちょうど月に一回の避難訓練に遭遇《そうぐう》して、韓国の人たちといっしょに地下道に入りましたよ。

金　そうなんですか（笑）。私が子どものころには、ずっとあのような避難訓練が行われていました。

佐藤　「夜間通行禁止令」があったのは、金先生がいくつぐらいまでですか？

金　私が小学生のころまでありました。

佐藤　あのころのソウルは、夜の一一時を過ぎるとタクシー争奪戦で大変でしたよね。

金　そうですね。タクシーや電車といった交通機関はだいぶ混雑していたようですね。深夜〇時から早朝四時までは、医師以外の民間人の外出は禁止されていましたから。帰宅時間に神経を使うたび、韓国人は自らの置かれている状況がどれだけ切迫《せっぱく》したものかを実感していました。

佐藤　私は大学生時代、一九七九年の夏休みに江陵《カンヌン》に行ったことがあるんですよ。そのときに衝撃的だったのは、金日成の首をかたどった人形を木の上に載せてボールを投げて、それを落とすと景品がもらえるというゲームを、韓国の人々が熱中してやっていたことです。

金　そういうゲーム、ありました（笑）。いまはさすがになくなっていますが……。たしかに、日本から旅行に来てあれを見るとビックリしますよね。私が子どものころの韓国の小・中学校の教科書では、北朝鮮の人々は普通の人間の顔じゃなくて、鬼の顔に描かれていましたから（笑）。そういう教科書で教育されていたのです。

いま、文在寅大統領は「北朝鮮寄りだ」として批判を浴びていますが、その文在寅も徴兵時代には特殊部隊に配属されていたのです。そのことが象徴するように、現在とは国内のムードがまったく違っていて、北朝鮮との対立が激化していた時代でした。

佐藤さんが外交官としてモスクワに駐在されていた時代、ソ連の人々は、私たちが北朝鮮に対して脅威を感じていたように、アメリカに対して脅威を感じていたのでしょうか？

佐藤　いや、当時のソ連の人々は、アメリカの脅威はほとんど感じていなかったと思います。むしろ、中国の脅威のほうが身近で強かったですね。中国が国境を侵犯《しんぱん》して攻めてくるのでないか、あるいは中国が核戦争を始めるんじゃないか——そういう脅威の感覚というのは常にあったと思います。「アメリカはライバルではあるけれど、敵ではない。われわれの最大の敵は中国だ」と、そういう感覚を持っていた。もちろん一応、同じ社会主義陣営ではあるから、「味方のふり」をしないといけない。でも、潜在的には中国こそ最も危険な敵である、と……。

金　いわゆる中ソ対立ですね。北朝鮮の外交史を振り返ってみると、中ソの間に挟《はさ》まれる形になった北朝鮮にとって、その状況は大変厳しいものでした。大国の間でどちらかに寄り過ぎず、双方からよい返事をもらおうとした北朝鮮の立ち居振る舞いは「名人芸」と呼べるものです。ソ連、中国、北朝鮮は絶えず腹の探り合いをしていたのですね。

佐藤　ロシア人の中国観が端的に表れている例を挙げると、ロシアではインフルエンザのことを「中国風邪」と呼びます。それと、日常会話の中で「ずるいヤツ」を表現する俗語として、「中国人一〇〇人分ぐらいずるいヤツだ」と言ったりする（笑）。それは最大級の悪口なんです。それくらい、「中国は怖い」という感覚がロシア人にはある。

朝鮮半島第一次・第二次核危機の背景

金　一九九〇年代前半に入ると、「朝鮮半島第一次核危機」と呼ばれる問題が起きてきます。北朝鮮が核兵器保有を目指し始めたのですね。その背景としては、八〇年代までのテロによる対抗策が行き詰まったこと、韓国との「南北格差」の拡大、社会主義国の崩壊で北朝鮮がソ連による「核の傘」を失ったことが挙げられると思います。

それに輪をかけたのが、ソ連崩壊で唯一の超大国となったアメリカが九〇年に主導した湾岸戦争でした。北朝鮮でも「イラクが狙《ねら》われたようにアメリカにつぶされるかもしれない」という危機感が高まって、体制保持のために核保有を考えた側面があるのです。北朝鮮はアメリカとの不可侵条約や、韓国との平和条約も結んでいませんでしたから、なおさらです。

そして、北朝鮮はアメリカやIAEA（国際原子力機関）から核兵器開発疑惑を指摘され、核査察を要求されると、それに反発して九三年に「NPT（核拡散防止条約）」から脱退し、翌九四年にはIAEAからも脱退します。

その後、同じ九四年に米朝合意がなされます。そのとき北朝鮮がアメリカに要望したことは、まず軽水炉《けいすいろ》（普通の水を用いる原子炉）の建設。原子力発電のための支援をアメリカにしてもらいたいということですね。次に、重油などの供給。そして、政治経済の関係を正常化したいということでした。その見返りに、北朝鮮はNPTにとどまり、核査察も受け入れる、と。そして、日米韓の署名によってKEDO（朝鮮半島エネルギー開発機構）が発足します。

以上が第一次核危機の大まかな経緯ですが、二〇〇〇年代に入って第二次核危機として再燃します。つまり、第一次核危機における収拾の仕方が成功しなかったということになると思いますが、どこに問題があったと佐藤さんは見ていますか？

佐藤 第一次核危機に際して、日米韓などは、北朝鮮の技術水準を見誤ったのだと思います。核兵器にはヒロシマ型――ウラン濃縮型《のうしゅくがた》と、ナガサキ型――プルトニウム型があります。プルトニウムのほうが抽出《ちゅうしゅつ》は簡単ですが、その代わり起爆が難しい。そのうち、ウラン濃縮型の核兵器を、北朝鮮には作れないだろうとわれわれは考えてしまった。彼らの技術力を低く見積もってしまったのです。そこが第一次核危機への対応の最大の問題でした。

実際には、わずか一〇年くらいの間に、北朝鮮はウラン濃縮型核兵器を作り得る技術力を持ってしまいました。それだけの原子物理学の水準と、遠心分離機を作るだけの「匠《たくみ》の技《わざ》」を、あの国は持っていた。北朝鮮の技術力はあなどれないのです。

だからこそ、翻《ひるがえ》って現在について考えても、「北朝鮮には米国本土まで届くＩＣＢＭは作れない」とか、「核の小型化はできない」と考えてしまうことは間違いなんですね。

「技術的にできない」ということは、もう決してない。だからこそ、北朝鮮に「核兵器を作る能力を持たせない」ことを目指すのではなく、「攻撃の意思をなくす」ことを目指すしかないのです。

金　なるほど。次に、二〇〇〇年代に入ってからの第二次核危機についてです。韓国との南北格差はさらに広がり、そのことについても北朝鮮は危機感を深めていました。それに加え、二〇〇一年九月一一日にはアメリカで同時多発テロ事件が起き、それを契機に当時のブッシュ（息子）大統領は強硬外交に舵《かじ》を切ります。アメリカが対テロ戦争を進めていくにあたって、北朝鮮もまたテロ国家の一つとして敵視の対象になっていきます。

とくに、二〇〇二年一月の一般教書演説で、ブッシュ大統領は、北朝鮮・イラク・イランの三国を「悪の枢軸《すうじく》」として非難しました。そして、対テロ戦争から拡大して決行されたイラク戦争では、フセイン政権が崩壊し、独裁者フセインは処刑されました。そのことで、北朝鮮の体制崩壊への危機感が一気に高まりました。何しろ、イラクと並んで「悪の枢軸」と名指しされていたのですから、「次はわが政権も崩壊させられ、最高指導者は処刑されるかもしれない」と思ったはずです。そのことを見越した中国が「六カ国協議」（アメリカ・韓国・北朝鮮・中国・ロシア・日本が、北朝鮮の核開発問題をめぐって協議する）を提案し、二〇〇三年八月に第一回の会合が持たれました。

ところが、その三年後の二〇〇六年には北朝鮮が最初の地下核実験を行い、そこから対話は停滞《ていたい》していきます。六カ国協議の会合も、〇七年を最後に行われていません。その後は北朝鮮に対する各国の圧力が強められていったものの、事態は好転しないままきてしまった……というのが、現在までの大まかな経緯ですね。

そこで佐藤さんにお聞きしたいのは、二〇〇三年以降の朝ロ外交についてです。二〇一一年一二月に亡くなった北朝鮮の最高指導者・金正日《キムジョンイル》は、その四カ月前の一一年八月に、ロシアのメドベージェフ大統領（当時）と会談をしました。でも、ロシアのプーチンは、〇三年の段階で北朝鮮が裏で核開発を進めていたことを知り、北朝鮮への不信感を非常に高めたとされています。プーチンの抱《いだ》いたその不信感は、朝ロ外交や一一年の朝ロ首脳会談に、どのような影響を与えたのでしょうか？

佐藤　北朝鮮の核問題を解決するための多国間協議について、日本の外務省は、北朝鮮を国家として承認していない立場から「六者協議」と表現しています。私もそれに準じて話しますけれども、北朝鮮が六者協議の核合意を一方的に廃棄したということで、「やっぱりムチャクチャな国だ。信用できない」という印象を抱いた人は多いでしょう。

でも、舞台裏を知れば、北朝鮮には北朝鮮なりの、そして彼らにとっては合理的な、核合意を反故《ほご》にするだけの理由があったのです。

私は昨年、元外務事務次官の藪中三十二《やぶなかみとじ》さんと対談の形で本を出しました。『核と戦争のリスク――北朝鮮・アメリカ・日本・中国 動乱の世界情勢を読む』（朝日新書）という本です。その中にも載っているので公開していい話なのですが、藪中さんは、〝六者協議の核合意がなされたとき、金正日は本気で核開発をやめようとしていた〟と考えています。つまり、「核開発をやめることで北朝鮮の体制維持が保証されるなら、それでもいい」と、金正日も一度は腹をくくったというのです。

それがなぜひっくり返ったかというと、これは藪中さんに教えられた秘話なのですが、六者協議の政治協議とは別に、財務当局協議が進められて、その中で「ＢＤＡ（バンコ・デルタ・アジア）」（中国の特別行政区マカオにある銀行）に対する制裁が決定され、実施されたためなのです。

金　ＢＤＡは、北朝鮮関連資金にかかわっていたと言われていますね。

佐藤　そう。いわゆる「マネー・ロンダリング（資金洗浄）」に利用されていたのです。米財務省は、二〇〇五年九月にＢＤＡを「マネー・ロンダリングに関与した疑いの強い金融機関」に指定しました。そのことでマカオ当局も、ＢＤＡ内の北朝鮮関連五二口座の計二五〇〇万ドルを凍結しました。

要するに、金正日個人の「お財布」を押さえて使えないようにしてしまったということです。たとえば金正日が、がんばった部下に褒美《ほうび》として高級車や高級腕時計を買ってあげたりするときに、その「お財布」を使っていた。そういうことができなくなってしまったのです。そのことで、北朝鮮は「やっぱりアメリカは信用できない」と考えた。それで六者協議の核合意を破棄してしまったのだというのが、藪中さんの見立てです。当時の外務省トップ、外交当事者の回想ですから、非常に説得力があります。

凍結された二五〇〇万ドルは、日本円に換算したら二〇数億円。国家レベルで考えれば大した額ではありません。でも、そこに手を突っ込んでしまったために、金正日の逆鱗《げきりん》に触れてしまった。北朝鮮では金一族こそが「国体」なのですから、そこに触れてはいけなかったのです。金正日の「お財布」を凍結してしまったことは、外交的には失策だったと言えるでしょう。

そのように、一見ルール無視の理不尽な行為に見える北朝鮮の核合意放棄も、じつは彼らなりの合理性に基づいて決定されていた。だから、北朝鮮は決して〝話の通じない野蛮な国〟ではない。対話可能な国なのです。

日本の北朝鮮認識の問題点

金　私は韓国人として日本に長く暮らしているわけですが、日本の人々の北朝鮮に対する認識に、危うさというか、抜け落ちがちな視点を感じることがあります。次に、そこに光をあててみたいと思います。

一九九四年に板門店《パンムンジョム》で行われた北朝鮮と韓国の南北実務接触で、北朝鮮側の代表を務めた朴英洙《パクヨンス》が、「ここからソウルは遠くない。戦争が起きれば、火の海になる」と発言したことがあります。公の場でなされた「ソウルを火の海にする」との発言は、韓国国民にリアルな恐怖を感じさせました。

佐藤　北朝鮮からソウルへの攻撃は、ミサイルを使うまでもなく、長距離砲で十分可能ですからね。

金　そうなんです。そして現在、北朝鮮は、もしその気になれば、東京を火の海にするだけの能力を獲得しています。にもかかわらず、日本の人々はそのことに恐怖を感じていないように思えます。「アメリカの核の傘に守られているから大丈夫だ」と確信しているから恐怖を感じないのかもしれませんが、私から見ると、危機感の希薄さが不思議に思えます。

朝鮮半島有事の際、かりに核兵器が使用されなかったとしても、北朝鮮が崩壊するだけで、日本にとっても一大事であるはずです。難民が大量発生するからです。

佐藤　そのとおりです。

金　シリア内戦で大量の難民が発生して、隣国や欧米諸国はそれぞれ多くの難民を受け入れました。同様に、北朝鮮体制が崩壊して大量の難民が発生すれば、日本も相当数の難民受け入れを求められることは必至です。日本も加入している「難民条約（難民の地位に関する条約）」の前文には、「難民に対する庇護《ひご》の付与が特定の国にとって不当に重い負担となる」場合、国際協力によって解決を図るとあります。負担の分散は条約の基本姿勢なんですね。

日本は北朝鮮の隣国であり、先進国でもあります。そして、「帰国事業」を通じて北朝鮮との深いつながりもあります。以上のような要素から、日本は北朝鮮難民の代表的な渡航先になるはずです。シリア難民の受け入れに日本はほとんど協力していませんが、朝鮮半島有事の北朝鮮難民に対しては、国際世論が必ず受け入れを求めてきます。受け入れは日本にとって必要な国際貢献と見做《みな》されるはずです。

でも、日本の人々には、そのような危機感・緊張感があまり感じられません。それが私には不思議です。「核で狙われることはないだろう。北朝鮮難民を受け入れなくてもいいだろう」と、根拠もなく楽観視している印象を受けるのです。その点を佐藤さんはどうお考えですか?

佐藤　たしかに、大多数の国民と多くのマスメディアは、朝鮮半島有事に対する危機感・緊張感が希薄です。しかし、外交専門家と外務省は大変な緊張感を持っていると思いますよ。なぜなら、少し前に触れた「朝鮮国連軍地位協定」があるからです。朝鮮半島で有事が起きたら、日本はすぐ戦争の当事国になるから、北朝鮮は攻撃してくる。少なく見積もっても、数千人単位の日本人が亡くなるはずです。

だから、外交当局者や外交の専門家で、この朝鮮国連軍地位協定の構成と、日本がどういう国際法的な義務を負っているかを知っている人は、朝鮮半島情勢に対してすごい緊張感を持っています。

金　でも、それが一般国民にまでは十分伝わっていないのですね。

佐藤　そうです。先に述べたとおり、朝鮮国連軍地位協定については外務省の公式サイトに協定内容とその説明が掲載されています。それは、いざというときの責任逃れのためのエクスキューズでもあると思います。「いや、朝鮮国連軍地位協定については公式サイトに載せているし、必要な情報は開示しています。それを見ていないみなさんが悪いんです。報じなかったマスコミのみなさんが悪いんです。外務省は悪くありません」と。もちろん、あからさまにそんな言い方はしないでしょうが、批判を浴びた場合に逃げが打てるようにしてあるわけです。

金　政府として国民が実状を知らない状況がありながら、過激な記事や報道があふれるのを見過ごしているのは問題があるとは思いますが、政府にとっては国民が実態を知らなければ危機を煽ったりするのに都合がよいのかもしれないですね。しかし、そうした構造があるならば、なおさらメディアは政府の監視役として責任を果たさなければなりません。

佐藤　じつは、私はある防衛省の幹部と会ったときに、「朝鮮国連軍地位協定について、防衛省ではどう考えているんですか?」と質問したことがあるんです。そうしたら、その人は「あれについては運用細則は決まっていないし、いざ朝鮮半島有事となったら大混乱でしょうね」と言うんです。「あなた、他人事《ひとごと》のようにそう言うけど、当事者でしょう?」と言ったら、「いや、あれは外務省の管轄だから、うちは関係ありません。自衛隊が戦闘するわけではないし」と……。防衛省の幹部でさえ、突き詰めて考えていないんですよ。

金　韓国では北朝鮮との戦争は常に想定されているので、米軍の立ち位置については常に各種の想定がなされているところですが、日本社会の危機感のなさ、あるいは責任感の放棄は意外に映りますね。もちろん、そうしたことがないに越したことはないのですが、有事の際の日本の混乱を考えると怖くなります。

佐藤　その意味でも、米朝戦争は絶対にあってはならない。そういう動きは断固阻止しなければならないのです。

東西ドイツ統一と南北統一の違い

金　次に、南北統一までのプロセスについて話してみたいと思います。日本の保守論壇では、「北朝鮮主導の統一」ということがよく主張されていますね。

韓国においては、北主導の統一論というのは、ごく一握りの極右しか主張していない極論です。韓国は、国際的な信用、経済力、人口で圧倒的に北朝鮮をリードし、独裁制から民主化を勝ち取った国です。長年の戦いで民主化を勝ち取った韓国が、統一のためとはいえ、それを手放す選択をすることはありません。だからこそ、統一はやはり韓国主導で、民主主義を大事にしながら行われるほうが自然で、多くの韓国人にとって受け入れられることだと私は思っています。

東欧では一九九〇年代に、国の分裂と統合が一気に進行しましたね。チェコスロバキアの分裂や、東西ドイツの統一などです。そのプロセスにも詳しい佐藤さんにお聞きしたいのですが、東欧の統合と分裂の歴史から、将来の南北統一に向けての教訓を探すとしたら、どのようなことが言えるでしょうか?

佐藤　東欧の統合と分裂から教訓が得られるとしたら、まず、「一般論はない」ということでしょうね。たとえば、ユーゴスラビアの解体とチェコスロバキアの分裂は、まったく違う道筋を辿りました。

ユーゴスラビアは、かつてのチトー大統領の下では、ソ連とは一線を画し、民族対立が克服されている国だったはずです。にもかかわらず、解体プロセスではおびただしい血が流されました。一方、チェコスロバキアは、国民投票によってチェコとスロバキアに分裂しましたが、その間、ただ一人の死者も出ていません。同じ東欧で同時期に起きた国家の分裂でも、そのようにまったく違うのです。

いちばん南北統一のお手本になりそうなのは、東西ドイツ統一ですね。あれは実質上、「西ドイツによる東ドイツの併合」であったわけで、その意味でも韓国主導の南北統一に近い。ただ、当時の西ドイツ・東ドイツの関係と、現在の韓国・北朝鮮の関係には大きく違う面があるので、そのままの形でお手本にするわけにはいかないと思います。

統一以前から、西ドイツと東ドイツには民衆レベルの交流がかなりありました。たとえば、六五歳以上になると、東から西への移住も自由にできました。なぜかと言えば、六五歳になると労働年齢を過ぎて、年金受給年齢になるからです。その年齢に達した人に対しては、東ドイツ政府は移住を奨励していました。西ドイツに亡命してくれれば、年金を払わずに済むからです（笑）。

また、西ドイツの人が一定額を両替すれば、一日東ベルリンに入ることができました。シュタージ（東ドイツの秘密警察）の監視は受けるにせよ、東西ドイツの交流は可能だったのです。でも、いまの韓国と北朝鮮の間に、そのような自由な交流はないでしょう？

金　ないですね。南北離散家族の交流というのが一時期ありましたけれど、それは一〇〇〇万人以上いると言われる離散家族のほんの一握りの幸運な人たちであり、北朝鮮と韓国を行き来できるのは、対北外交にかかわる政治家、取材申請をしたメディア関係者、開城《ケソン》工業団地関係者ぐらいのものでしょう。そして、彼らも行動の自由は与えられていないため、相互理解を進める存在にはなれませんでした。冷戦構造の中とはいえ、実際に戦火を交えたことは南北の分断をより深刻なものにしたと言えるでしょうね。

佐藤　同じように東西冷戦から生まれた分断国家ではあっても、東西ドイツは南北ベトナムや朝鮮半島とは違って、かなり交流のある形の分断だったのです。だから、南北統一のお手本にはあまりならないと思います。

「北朝鮮の民衆」を思う心

金　東西に分断されていたドイツにも民衆交流はあった、というお話でしたが、一方、いまの韓国と北朝鮮の民衆交流は皆無《かいむ》に等しいですね。それでも、私たち韓国人、そして日本の人々が、「北朝鮮の民衆」を思いやる心を忘れてはいけないと思います。

とくに、一九九〇年代後半、北朝鮮では数百万人に上る餓死者が出たと言われています。その後も現在まで、北朝鮮人民の大半は、食糧の乏《とぼ》しさなどの窮状《きゅうじょう》に苦しんでいます。独裁の中で切り捨てられ続けてきた、二〇〇〇万人を超える北朝鮮の民衆。その苦しみ・痛みに思いを馳《は》せること――南北統一も、北東アジアの平和構築も、そこから始まらなければならないと思います。

佐藤　同感です。そこで一つ、北朝鮮の民衆に思いを馳せるための一助になる映画をご紹介します。二〇〇八年に、北朝鮮が初めてカンヌ映画祭に出品した『ある女学生の日記』という映画です。ご覧になりました？

金　いいえ。でも当時、存命だった金正日は無類の映画好きとして知られているので、そうした視点から北朝鮮を捉えることもできますね。

佐藤　日本でもＤＶＤで手軽に観られますから、ぜひご覧になってください。これは平《ピョン》壌《ヤン》郊外に住む普通の女子高生を主人公にした、一種のホームドラマです。北朝鮮の民衆の日常生活の一端に触れることができる貴重な作品です。とはいえ、海外に向けて見せるための映画ですから、北朝鮮の中では比較的程度の高い暮らしが描かれているのですが、それでも私たちから見ると貧しい暮らしに見えます。

たとえば、平壌郊外なのに道路は舗装されていなくて、泥道を主人公は歩いていきます。漏電《ろうでん》による火災が頻発《ひんぱつ》していたり、お菓子をあまり売っていないからおやつは手作りの「芋飴」だったりします。それでもなぜか、小学生たちが背負っているリュックサックにはミッキーマウスの絵が貼ってある（笑）。ディズニーのキャラクターは北朝鮮にも入っているんですね。

この映画や北朝鮮の小説などの文化を通じて、北朝鮮の民衆に思いを馳《は》せることはとても大切です。とかく私たちは、「北朝鮮の国民は洗脳されていて、個性もなく、金正恩の命令に唯々《いい》諾々《だくだく》と従うロボットみたいな人々だ」などというステレオタイプの思い込みにとらわれがちです。

実際には、もちろんそんなことはなくて、北朝鮮の人々にも一人ひとり個性があります。それぞれの喜びも悲しみもあり、日々の暮らしには笑いもあるでしょう。日本や韓国の民衆と何ら変わらない民衆がいるのです。そのことを忘れてはいけない。ところが、日本の有識者・学者、北朝鮮ウオッチャーの中には、「北朝鮮にも民衆がいる」というあたりまえの認識が欠落している人も見受けられます。

金　日本は第二次世界大戦中、欧米諸国から同じような存在として見られていました。

軍に従順であり、狡猾《こうかつ》で、画一的な存在といった評価だったでしょう。しかし、戦時中を描いた日本の映画、ドラマ、漫画などの名作に登場する人々は多様で、生き生きした部分にあふれています。戦争等の危機において相手国への敵意が高まると、人は自然とその国民全体を敵と見做し、ステレオタイプで捉えがちです。現在の日本に必要なのは「果たして自分たちは同じ立場に置かれたら、どう感じ、どう生きるのか」という視点です。それは民主主義の基盤となる相手への敬意や、他者に対する理解の向上に欠かせないものです。

佐藤　ええ。あと、「北朝鮮の民衆は不幸でかわいそうな人たちで、日本人のほうがはるかに幸せだ」という偏見もよくないと思います。北朝鮮の民衆にも、窮状の中にそれなりの幸せはあるでしょうし、日本の中にもさまざまな不幸はある。幸・不幸というのは単純なものではないし、「上から目線」で北朝鮮の人々を見下す態度はよくない。どちらの国にも「同じ民衆」がいるのです。

そのことに関連して私が思い出すのは、池田大作氏の小説『人間革命』第一巻の最初の章（「黎明」）に出てくるエピソードです。

のちに創価学会の第二代会長になる戸田城聖氏が、治安維持法違反および不敬罪に問われて入獄していた豊多摩《とよたま》刑務所から、終戦の前月に出獄してきます。そして電車に乗ると、ほかの乗客四、五人が、米軍が東京に投下した焼夷弾《しょういだん》の破片《はへん》を使って、包丁やシャベルを作るという話をワイワイしている。その様子を見ていた戸田氏は、民衆の雑草のようなたくましさにうれしくなって、「やあ、みなさん、ご苦労さん。シャベルと包丁、うんと作ってくださいよ」と声をかける……そういう場面です。

敗戦間近で東京が焼け野原になっていた時期にも、民衆は苦難を嘆いてばかりいたわけではなく、たくましく生き抜いていたし、笑いも幸せもあったのです。いまの北朝鮮の民衆も同じだと思います。

金　そういう視点がとても大切ですね。日本や韓国と同じ民衆が北朝鮮にも二〇〇〇万人以上暮らしていて、苦しみと懸命に闘っている。だからこそ、北朝鮮の核の脅威を取り除き、少しでも経済的に豊かになる方向に変わっていくことを目指さないといけないのだと思います。そうした中で北朝鮮の人々の笑顔を増やす方法が何なのかを追求していけば、その先には北東アジアの平和や、朝鮮半島の統一があるはずです。

「太陽政策」こそ平和の礎

佐藤　北朝鮮の民衆が経済的に豊かになることは、日本や韓国の平和にとってもプラスになるんです。そこを履《は》き違えてはいけない。排外主義者は「北朝鮮なんて、もっとひどいありさまになればいい」と思っているかもしれませんが、北朝鮮の民衆が苦しめば苦しむほど、北東アジアの平和は遠ざかるのです。

言い換えれば、日本と北朝鮮、韓国と北朝鮮の経済的相互依存性が高まったほうが、平和に結びつくということです。日本と中国の関係は、その一つの手本だと思います。

北朝鮮労働者らが働く北朝鮮・開城工業団地の服飾工場　EPA＝時事

私たち日本人の多くは、いまの中国が日本を軍事的に侵略してきたり、核攻撃してきたりすることは、ほぼあり得ないことを知っています。なぜなら、日中両国はいまや経済面で深く相互依存しているからです。中国経済は日本なしには立ち行かないし、日本経済も中国なしには立ち行かない。そういう状況だから、中国が日本を核攻撃したりしない。北朝鮮についても同じことです。

北朝鮮の「開城工業団地」では、韓国企業が運営する工場が二〇一六年まで操業していましたね。当時、北朝鮮労働者に支払う一日の賃金は、たしか二ドル程度だったと思います。

金　そうですね。彼らはアジアで最も安い労働力であると共に、北朝鮮政府から同団地で働くことを許可された人たちなので、教育程度も非常に高く、よい人材だったと韓国国内では評価されていました。

佐藤　裏返して考えるなら、韓国企業は北朝鮮に進出できれば、一日たった二ドルで良質の労働力が得られるということです。しかも、アパレル産業から半導体産業までの幅広い分野の労働力ですから、韓国経済にとっても大変なプラスになるはずです。

一方、北朝鮮の民衆にとっても、韓国企業運営の工場で働くことによって、自分の稼《かせ》いだお金でお米や野菜、魚などを買うことができる。子どもに運動靴やランドセルだって買ってあげられる。「将軍様がくださった」という形で一方的に下賜《かし》されるのとは次元の違う喜びが、そこにはあるはずです。

日本企業が北朝鮮に工場を作ったとしても、同じように「ウィン・ウィン」の関係性が生まれます。そして、そのように日本と北朝鮮の経済的相互依存性が高まれば、北朝鮮は日本を攻撃する必然性がなくなるのです。「北風と太陽」でいう「太陽」の方向性です。われわれはその方向を志向していかないといけない。

金　ええ。そのように自然な形で経済交流できる時代がくるといいと思います。北朝鮮と韓国の間で情報の橋渡しをしている人たちは、いまでも両国に存在します。でも、いまはまだそれは命がけの行動です。国境を越えて情報提供するだけで、命の危険にさらされるのです。将来的には一般市民と声をかけ合える緊密な経済協力の展開をすべきだと思いますが、そのための糸口として、いまの北朝鮮の中に接点を形成するには、どのような方法があると思いますか。

佐藤　東西ドイツ分裂時代にも、東と西に互いの連絡事務所は置かれていました。その例を手本に考えれば、日本がやらないといけないことは、平壌に連絡事務所を置くことでしょう。大使館はまだ作れませんが、小規模な連絡事務所なら設置は可能だと思います。日本の「朝鮮総連」は、実質的には北朝鮮が日本に置いた連絡事務所としての機能も果たしています。だから問題は、日本政府の窓口となる連絡事務所が北朝鮮にないということなのです。そして、その連絡事務所を拠点として、北朝鮮との交流を少しずつ行っていくべきです。

金　平昌オリンピックの南北合同チームが韓国の若者たちの意識を変えたように、相手国の人々と具体的にコミュニケーションをすることが、何より大事ですね。

　私が残念に思うのは、一九八〇年代や一九九〇年代には韓国に比べて、日本のほうが北朝鮮の情報は一般市民レベルでは入っていたことです。もちろん、諜報《ちょうほう》の世界では韓国も相当に北朝鮮のことをよく知っていたと思うのですが、市民レベルではまさに敵国でした。

　一方、現在では日本における北朝鮮の印象はとても画一的です。私の日本人の友人が以前、韓国のニュースが金日成と金正日の銅像を近くで車から撮影した映像を見て、「あの銅像って韓国では横からも撮れるのか」と驚いていたことがありました。たいしたことではないかもしれませんが、北朝鮮という記号を表現しようとして、日本のメディアに映る北朝鮮はいつも同じ構図で捉えられていて、変化がないのです。先ほど話した多様な人が北朝鮮にいることを理解するためには、一面的ではない交流の経験が欠かせないと思います。

佐藤　私の専門分野である「インテリジェンス（秘密情報活動）」の世界を考えても、スパイ映画的な脅迫によって協力者を作るやり方は、じつはメインではないんです。いわゆる「ハニートラップ」を使って、女性とベッドに入った姿を写真に撮って脅《おど》すとか、そういうやり方がないわけではないけれど、その手の手法で無理やり情報提供者にしても結局、長続きしない。脅すやり方は、単発で一回情報を得るときに使う程度なのです。

では、長く情報提供してくれる相手を作るにはどうするかというと、相手が困っているときに助けてあげるんです。たとえば、ターゲットが飲酒運転の交通事故を起こしたとき、警察に圧力をかけてもみ消してやるとかね。そうやって助けて恩を売っておいて、何も要求しない。そして、そこからだんだん仲よくなる。すると、相手は「頼りになるいい友だちができた」と勘違いするんです。そして、向こうから進んで情報提供してくれるようになる。

金　インテリジェンスにおける「北風と太陽」でも、太陽のほうが有効なのですね。

佐藤　そのとおり！　これは人間心理の普遍的法則で、「北風と太陽」のうち、北風的な脅すやり方は、短期的に一つの目的を達成することにしか使えないんです。

それは国際政治においても然りで、長続きする平和を築くためには、太陽政策で臨む以外にないのです。だからこそ、対北朝鮮外交においても、もちろん制裁・圧力が必要な局面もありますが、それだけではいけない。長期的には太陽政策でいくべきなのです。

民主主義を支える「人間主義」が必要

金　前にも一度話しましたが、北東アジア全体を結ぶ共通の理念になり得るものは何かということを、再び考えてみたいと思います。

そこでいちばん大切なことは、先ほども話題に上った、北朝鮮の民衆の痛み・苦しみを、ほかの北東アジアの人々がどうやって共有するかということでしょう。

韓国人にとっては、北朝鮮の人々は同じ民族でもあるので、共感しやすいですね。逆に日本の場合、北朝鮮の現状を伝える映像は日本のマスコミでもわりと流れていると思いますが、それを見てもストレートに共感しにくい面があると思います。

佐藤さんから、〝ＳＧＩ（創価学会インタナショナル）メンバー同士なら、宗教という同じ価値観を持っているから、領土問題について意見の相違があっても、そのことが障壁にならない〟というお話がありました。なるほどと思いましたが、宗教だけだと、北東アジア全体を結ぶ価値観にはなりにくいのではないでしょうか。

たとえば、仏教国のミャンマーはいま、少数民族ロヒンギャに対する差別と迫害で国際的非難を浴びています。ミャンマーにおいては、仏教徒がむしろ迫害を主導してしまっている面もあるようです。そういう例を見ると、宗教や民族は、異なる宗教・民族を結ぶ価値観にはなりにくくて、むしろ人々を分断する壁として作用してしまうケースもあります。

そう考えてみると、やっぱり民主主義こそが、「切り捨てられた人々」の苦しみを共有し、その声に耳を傾けるためには、いちばん必要なのではないかと思うのです。ただし、ここで私が言う民主主義とは、「過半数を取り合うゲーム」としての民主主義ではなく、代表者が議論を戦わせる中で少数派の意見も組み入れた結論を出していくという、もっと基本的な原理としての民主主義です。民主主義の基本原則に、北東アジア全体が立ち返るべきだと思うのです。

そのために必要なことは、大まかに言って三つあります。一つめが「理念の周知」です。たとえば、北朝鮮のように民主主義がまだ根づいていない国の人々に、民主主義とは何かを知らしめていくこと。

二つめが、「情報の収集」です。たとえばロヒンギャ問題を解決するためには、問題の背景はどういうことなのか、ロヒンギャの現状はどうなっているのかなどという情報を収集することが、まず大前提になります。意図的に歪《ゆが》められた情報が洪水《こうずい》のように押し寄せると、人々の判断が曇《くも》り、思考は危険な方向に行きがちです。民主主義の怖いところでもあります。

三つめが「声を伝える機会」です。たとえば、独裁体制の中でかき消されがちな北朝鮮の民衆の声を伝える機会を、なんとか作っていくこと。

そして、以上三つの基盤として、数学や歴史を学ぶのと同じように、民主主義の基本原則を学んでいくことが大切になってくると思います。

佐藤　「本来の民主主義に立ち返るべきだ」という視点自体には賛成ですが、そのためには民主主義自体を外側から客観視するような「メタ（高次／超）論理」が必要になってくると思います。というのも、代議制民主主義の形をとる以上、代表を選出して「まかせる」必要があるわけで、代表と「送り出す側」の間には、必ず何らかの乖離《かいり》が起きてくるからです。

たとえば、ある国の国会が一〇〇人の議員で成り立っているとしたら、それを九〇人に減らしても本質的な違いはないでしょう。六〇人にしても、三〇人にしても、本質的相違はないかもしれません。そのように思考実験していくと、最後はたった一人の代表による民主政治というのも考え得る。つまり、選挙で選ばれた独裁者による民主的独裁です。カール・シュミットはそれを「大統領の独裁」と名づけました。

金　シュミットが一九二四年に上梓《じょうし》した著作『大統領の独裁』のことですね。それがヒトラーによる独裁を準備し、正当化したとして、シュミットはのちに大きな批判を浴びました。

ここで、韓国の歴史を振り返ってみますと、朴正熙大統領の時代には政治家が度々その権限を奪《うば》われ、効率化の名の下に人々の声は抑《おさ》えられました。たしかに、選挙も行われましたが、そこから得られた権力によって政府に合わない主張は強硬に抑えられてしまったのです。民主主義の基本は、先に話したように議論と調整のプロセスですので、独裁とは相容《あいい》れないものです。日本では選挙に行ったから、あるいは選挙で選ばれたからその後のことは気にしない風潮もありますが、権力にすべてを預ける姿勢はとても危険です。

佐藤　そうです。民主主義は常にそのような危うさを孕《はら》んでいます。だからこそ、民主主義を超越する「メタ論理」によって補完され、支えられる必要があるのです。私はそれが宗教の重要な役割だと考えています。

ただ、金先生が先ほど指摘されたように、宗教がむしろ人々の分断を促進してしまう場合もあります。それは私も重々承知で、宗教ならなんでもいいと言っているわけではありません。民主主義を支える価値観になり得るためには、「世界宗教」でなければならないのです。ＳＧＩはまさに日本発の世界宗教になり得る宗教で、実際に世界宗教化が着々と進んでいます。

逆に悪い例としては、ミャンマーの仏教徒によるロヒンギャ迫害も一典型ですし、もう一つ挙げるとすれば、チベット仏教のダライ・ラマです。

日本ではどういうわけかダライ・ラマの人気が非常に高くて、とくに知識人層に彼のファンが多いですね。しかし、私はまったく評価していません。それは一つには、「生まれながらにして神聖《しんせい》な人間がいる」というチベット仏教の思想は、裏返せば「生まれながらにして卑賤《ひせん》な人間もいる」という思想でもあるわけで、差別につながるからです。現在のダライ・ラマは一四世ですが、代々のダライ・ラマが亡くなると、その生まれ変わりである「聖なる子ども」を探して後継者に据えるわけですからね。

そのような差別思想の端的な表れだと思いますが、チベット仏教にはラサに中国の人民解放軍が入ってくるまで、奴隷制がありました。奴隷制を肯定するような宗教は、これからの世界宗教にはなり得ません。

一方、SGIについて、私が民主主義を支える土台になり得ると評価するのは、すべての人間に平等な価値があると捉える「人間主義」「生命の尊厳の重視」の宗教であるからです。これは、キリスト教における「エキュメニカル運動（世界教会一致運動）」に近いと思います。

エキュメニカル運動とは、簡単に言えば、各教派の立場の違いを尊重しつつ、「お互い人間なのだから」という人間主義的な感覚によって、教会の再一致を求めていく運動です。つまり、キリスト教の何派であろうが、あるいはキリスト教以外の信者や無宗教者であろうが、「同じ人間なのだから対話していこう」という志向性の運動なのです。だからこそ、イデオロギーや民族、宗教の差異を超えて国と国を結ぶ力になり得る。S

ＧＩも然りです。

一方、キリスト教の中にも、キリスト教原理主義のように排外主義的な教派もあります。ユダヤ教の中にも、コスモポリタニズム（世界市民主義）と親和的なグループもあれば、極端なユダヤ選民主義をとるグループもある。イスラム教も然りです。したがって、どの宗教がいい・悪いということは一概に言えない。各宗教の中のエキュメニカルなグループ同士が手を組んで、ネットワークを広げていくことが大事なのです。

金　一つの宗教の中で連帯するのではなく、同じネットワーク意識を持った多宗教のグループと連帯するというのはよい発想ですね。北東アジアを何かでつないでいくと考えるとき、宗教も一つの切り口になっていくことと思います。しかし、程度に差はありますが、中国や北朝鮮では宗教への規制がありますし、それ以外の地域でも無宗教の人は存在するので、宗教と人を横断するような共通の認識や言葉が必要なのかもしれないですね。

この対談の主旨でもありますが、北東アジアにおいて声を上げられていない人々が連携し合い、共感し合えるような体制をどう作るのかを検討していかなければなりません。民主主義という概念を中心に置きながら、宗教をベースにした連携はもちろん、それ以外の可能性も絶えず模索することが重要だと思います。それぞれの人が自分の身近にある連携の形を通じて、他の地域の事情や湧き上がる声を知れば、北東アジアに広がる無理解も解消できるはずです。

佐藤　金先生は以前、「子どものころに使っていた教科書では、北朝鮮の人々が鬼のような姿で描かれていた」と言われていましたが、いまの日本人の北朝鮮に対する見方には、それに近いほどの偏りがあると思います。だから、「北朝鮮の民衆の痛み・苦しみに共感する」という課題にいちばんてこずるのは日本人かもしれません。日本人の一部に根強くはびこっている民族排外主義は、今後、日本人が治していかなければならない「宿痾《しゅくあ》」（長い間治っていない病気）と言ってもいい。

では、なぜ日本人が民族排外主義に走りやすいかといえば、じつは日本人自体が「大民族」だからです。そのことを日本人はあまり意識していませんが、一億二〇〇〇万人もいるような民族は、世界的に見れば堂々たる大民族ですよ。そのように大民族で、しかも日本という国は均質性が高いから、無意識のうちに異質な人々を排除してしまいやすい。少数派の人々の痛みや苦しみに鈍感になりやすいのです。

とくに、日本のエリート層の人々は、日本国内にいるマイノリティや弱者に対する共感力が弱すぎます。これは、私が実際に接してきたロシアやチェコ、イスラエルなどのエリート層と比べても、日本のエリートの大きな欠点です。だからこそ、すべての人に平等な価値を認め、弱者に対する「同苦」の心、共感力を大事にする創価学会の存在は、日本社会にとって重要なのです。

民主主義の脆弱《ぜいじゃく》性を補う、すべての人間と生命を尊重する価値観が、これからの時代には必要です。エキュメニカルな世界宗教は、北東アジアの平和構築のためにも重要だと思います。

3章

日本政治の課題解決に向けた方策

一極集中の弊害

金恵京　この章では、日本の政治と外交について語り合いたいと思います。まさに佐藤さんのご専門分野ですので、私のほうが一方的に教えていただくことのほうが多いでしょうが……。

佐藤優　いえいえ、私が教えていただくことのほうがはるかに多いはずです。

金　まず取り上げたいのは、日本政治の一極集中の問題です。最近問題になっている、森友学園問題における官僚による行政文書の改竄《かいざん》も、中央の高級官僚や官邸にばかり権力が集中してしまうことから生じているという意味では、一極集中の弊害《へいがい》だと思うのです。

行政文書の改竄は、民主主義の根幹を揺るがすくらい大変な問題だと思います。行政文書は本来、市民に広く情報公開され、市民が投票行動などにおいて示す政治判断の要因となるものです。また、きちんと保管され、将来への事実の伝承を担《にな》う文書でもあります。その大切なものが改竄されていた。そして、改竄させる力が政治家にあった――

それが直接の指示ではなく、官僚の勝手な「忖度《そんたく》」であったにせよ――というのは、衝撃的でした。

日本国憲法の第15条には、「すべて公務員は、全体の奉仕者であって、一部の奉仕者ではない」とあります。つまり、当事者となった官僚は、行政文書を真摯に保持するという国民全体への義務をないがしろにして、一部の政治家のために改竄を行うという憲法違反をしたのだと思います。

私は研究者ですから、一次資料に対して強い信頼を寄せています。研究にあたっては、できる限り信頼のおける一次資料に依拠《いきょ》するのが研究者の大前提です。中でも行政文書は、確度が高く信頼のおける一次資料の典型であり、それが改竄されてしまうとしたら、どの資料を信じてよいのかわからなくなってしまいます。これは民主主義の根幹を揺るがし、学術的信頼を危うくする大事件でした。

佐藤さんは当代きっての人気作家でもありますが、作家や研究者であれば、他人の著作から剽窃《ひょうせつ》・盗作しないというのは、職業上の大前提ですよね。もしも剽窃・盗作が発覚したら、それだけで、文壇やアカデミズムの世界から即追放されても仕方ないわけです。そして、プロ意識の前提となる職業倫理に照らして、そもそも剽窃や盗作などしないのが当然です。

プロである官僚にとって、行政文書の改竄は、地位を利用した収賄《しゅうわい》などと同じく、絶対にやってはならないことだと思います。そして、この事件では近畿財務局で自殺者も出ており、単なる不正というよりも人としての尊厳にかかわる案件になったと言えます。また、いま問題になっている改竄は、汚職のような私利私欲からの行為ではなく、「価値の転倒」が生み出したものだと思います。だからこそ、なおさら深刻なのです。そのような行為が官庁組織の中で正当化されていたとすれば、これは一官僚、一官庁の問題にとどまらず、日本の行政組織の構造的問題とも考えられるからです。

じつは韓国でも近年、同じような官僚による改竄問題が起きています。それは、日本のみなさんも記憶されていると思いますが、二〇一四年に起きた大型旅客船「セウォル号」の沈没《ちんぼつ》事故における、当時の朴槿恵《パククネ》大統領をめぐる改竄でした。

沈没事故が起きてから七時間にわたって、朴槿恵大統領とは連絡がとれませんでした。そのため、産経新聞ソウル支局長が「元補佐官で崔順実《チェスンシル》の元夫でもあった鄭允会《チョンユンフェ》と密会していた」という記事をウェブに載せ、ネット上で流布《るふ》したとして在宅起訴されるという事態すら起きました。しかし実際は、その七時間の間に、朴槿恵と親友崔順実との会合が開かれていたのです。にもかかわらず、行政文書にはその会合について記載されず、事故を朴槿恵に伝達した時間についても改変されていました。日本で起きた行政文書改竄と、構造的によく似ているのです。

官僚が政治家からの不当な圧力を受けたとき、それをはねのけられるだけの倫理観を官僚が身につけることは、その国の民主主義の根幹をなすほど重要なことです。しかし、日本でも韓国でも、それが身についていない官僚による改竄が発覚してしまった。由々《ゆゆ》しき事態だと思います。

そこで佐藤さんにお聞きしたいのですが、日本の官僚の世界では、職業倫理とか価値基準をどのように身につけていくのでしょうか？　私のような研究者の場合、大学院や修士・博士課程の中で、指導教授からさまざまな指導を受け、各種の発表を通じて、必要な倫理観が身についていきます。その点、官僚の世界ではどうなのでしょうか？

佐藤　第一に、日本では、高級官僚の親はやはり高級官僚である場合が多いのです。だから、親の仕事ぶりを子どものころから家庭で垣間見《かいまみ》ていて、「自分も官僚になりたい」と思うパターンが多い。その場合、親の背中を見ておのずと職業倫理や価値基準を身につけていく面がありますね。また、親が子に「官僚とはこういうものだ」と心構えを伝えていくこともあるでしょう。

第二に、大学の先輩から教わる面があります。公務員試験の場合、官僚になるための試験は覚えなければならないことが非常に多く、難関ですから、頭の回転の速い人でも二年間は集中的に勉強しなければ受かりません。試験に合格して役所に就職してからも、先に官僚になった先輩にいろんなことを教わり、アドバイスを受けたりする。そこから身につくものがかなり大きいですね。

それから、日本の官僚について考える場合、官僚はそれほど儲《もう》からない仕事だというのは重要なポイントです。国家公務員の総合職試験とか、外務省の専門職試験に合格する人は、基本的に能力が高い。その能力をもって一流企業などに就職していれば、官僚になるよりもはるかに多くのお金が稼《かせ》げます。つまり、日本の官僚の生涯所得は、かなり低い。おおむね大企業の役員経験者の半分くらいでしょう。これは天下りまで含めての話です。

ということは、「お金が何よりも好きだ」という拝金主義的価値観の持ち主は、そもそも官僚になりません。いみじくも金先生が先ほど、「行政文書の改竄は汚職とは違って私利私欲からの行為ではない」と言われたけれど、それはそのとおりで、お金ほしさにルールを逸脱《いつだつ》するタイプは、官僚にはあまりいません。

金　なるほど。官僚になる前の段階で身につけていくことは知りませんでした。では、実際に官僚になってから身につく面もありますか？

佐藤　どの官庁にも新人の研修制度はありますが、研修で学ぶことは語学を除けば一般教養的なことです。官僚の仕事のノウハウは、だいたいＯＪＴ（オン・ザ・ジョブ・トレーニング＝職場で実務をさせることによる職業教育）で覚えていきます。

最初の二年間くらいは見習いですから、その間、先輩や上司に叱《しか》られたり、先輩の仕事ぶりをそばで見て学んで、仕事のやり方を身につけていくわけです。その中で職業倫理や価値基準もおのずと学んでいくわけですが、「行政文書を改竄してはいけないよ」なんてことは、いちいち教えるまでもないことです。公文書の改竄というのは、官僚の世界では想定できない事態なのです。

公文書改竄という事態について考えるヒントになるのは、ラインホルド・ニーバーの初期の著作『道徳的人間と非道徳的社会』（一九三二年刊／邦訳・白水社）だと思います。ニーバーは、アメリカの歴代大統領にも強い影響を与えた政治学者で神学者です。

その本の中でニーバーは、海賊船の譬《たと》えというものを出しています。〝海賊船の中で一生懸命、仕事をしている船員がいたとする。この船員は善人か、それとも悪人か？〟と読者に問うてみせたのです。

金　政治哲学らしい問いかけですね。アメリカの大学の講義では「いかに議論をさせて、理解を深めるか」という点が重要になるので、学生への問いが講義の肝《きも》になります。そうした意識は読者に対しても同様だということが、だいぶ前の時代とはいえ伝わってきます。

佐藤　要するに、海賊船という悪事のために存在する船の中にいれば、そこで働く個人がどれだけ道徳的であっても、そこで働くこと事態が悪に加担することになってしまう。ニーバーは「構造悪」の問題を、海賊船に譬えて論じてみせたわけです。

海賊船という譬えは現代社会からかけ離れすぎているので、暴力団のフロント企業で働く有能な会計士について考えてみましょうか（笑）。その会計士は犯罪を行っていないし、道徳的な人間で、会計業務を誠実に行っているとします。しかし、そこで扱うお金の大半は犯罪で稼いだものであるわけで、そこで会計士として働くだけでも、悪に加担することになる。そのような「構造悪」が、世の中にはあるわけです。

公文書改竄に関与した財務省官僚一人ひとりは、おそらく違法性認識が極めて薄いと思います。佐川宣寿《さがわのぶひさ》・財務省元理財局長の証人喚問を見て、私が推測した舞台裏はこうです。おそらく、佐川さんは文書を見た瞬間、「何でこんな文書を作っているんだ！　だれがこんなものを作ったんだ！　俺の答弁と齟齬《そご》をきたすじゃないか！」って、局内で怒鳴ったんですよ。だから、その後、佐川さんが何の指示もしていないのに、局長の答弁に合わせて部下たちが改竄してしまった。真相はそんなところだと思います。だから、これはやはり「構造悪」の問題です。

首相官邸も安倍昭恵さん（安倍総理夫人）も、今回の改竄には直接関与していないと思います。ただし、佐川さんのその前の国会答弁で「まったく首相官邸は関与していない」と述べたのは、やはり政権に対する「忖度」です。

金　組織の中で行動することが長くなると、内部の論理に重点が置かれてしまい、社会の根底をなす理念が無視されてしまうことはめずらしくないですね。まさに「構造悪」です。そして、組織全体が悪事を働くと、当事者は歯車の一つになって一人ひとりの罪悪感も薄れていくのでしょう。しかし、最終的には個人の判断に左右される部分が多いので、その人物の責任は問われていくべきだと思います。そうした文脈で佐川さんの官僚としての資質について、佐藤さんはどう捉《とら》えていますか？

佐藤　佐川さんが証人喚問でとった選択は、自分の身を守るために、首相官邸と財務省も守るという道だったと思います。ポイントは「自分の身を守るため」という点です。もしも官邸と財務省だけを守ることを考えるなら、刑事訴追《そつい》を受けることを覚悟して、自分の判断が原因だと思うという認識を述べればよかった。それをしなかったということは、彼は自分の身を守りたかったわけです。だから刑事訴追を受けるおそれがあるということを理由に真実を語らなかった。

つまり彼は、国民の代表が集《つど》う国権の最高機関である国会において、真実を語るという責務が自分にあると考えていなかったわけです。その意味で官僚になる資格のない人だと思います。そういう人が日本の官僚の最上層部にいたということは、やはり由々しき事態です。

官僚には身分保障があります。政治家といくら衝突しても、罷免《ひめん》されないのはもちろん、降格されることもありません。だからこそ、政治家から不当な圧力をかけられても、それをはねのけることができる。にもかかわらず、出世したいから時の政権におもねる……そのような官僚の体質こそが問題です。そうした問題が、日本の官僚の中で最も優秀な人材が集まるはずの財務省で起きてしまった。それは、官僚の病理がいかに深刻かを端的に示しています。

先に述べたとおり、日本の官僚はお金儲けにはあまり関心がありません。ただし、官僚としての出世には異様に強い関心があって、そのためだけに働いている官僚もいるのです。言い換えれば、憲法15条に謳《うた》われているような、公僕《こうぼく》として国民に奉仕するという価値観を持っていない人が、高級官僚になってしまっている。これはやはり価値観をめぐる問題です。価値観が大きく歪《ゆが》んでしまっている。

金　本来は多額の生涯賃金よりも国のために働くことを選んだ人々が、国の原理原則を定めた憲法に違反するというのは、まさに本末転倒ですね。あり得ない事態というか……。

佐藤　だから今回の事件は、憲法でも行政法でも想定していない事態なんですよ。

日本政府の行政文書はどういう体裁になっているかというと、外務省の場合、一枚目の表紙が「決裁書」とか「報告・供覧」などとなっており、件名・起案者の氏名・内線電話の番号・回覧先が書かれていて、回覧者が判子を押すかサインをする欄があります。二枚目以降は、その表紙にホチキスで留めてあるだけの簡便なものです。したがって、二枚目以降を改竄しようと思えば、わりと簡単にできます。なぜそんな体裁になっているかといえば、「まさか改竄なんてだれもしないだろう」と思っているからです。

金　二〇一四年に話題になったＳＴＡＰ細胞にかかわる実験データの改竄が注目されたときに、「研究データをだれもチェックしないのはおかしい」という意見が出ていましたが、研究の世界でも改竄は想定外の事態でした。たとえば、社会科学の分野で、アンケートの数値が改竄されているなんてだれも考えない。信頼を前提とした世界でそれが悪用されてしまえば、さまざまな常識が崩れてしまいます。

佐藤　たとえば、私たちは横断歩道を渡るとき、青信号だから大丈夫だろうと思って渡るわけですね。「赤信号でも突っ込んでくる車がたくさんあるだろう」と想定して信号を設計したりはしません。行政文書が「改竄しようと思えば簡単にできる体裁」なのも、それと同じです。そもそも想定すらしていない異常なことが起きたのです。

ただ、今回このような形で高級官僚の倫理崩壊が露呈《ろてい》したのは、今後を考えれば「よいこと」とも言えます。「なんとかしないといけない」という危機感が生じたからです。

朴正熙政権と安倍政権の類似性

金　私は最近、朴正熙《パクチョンヒ》大統領による独裁が行われていた時代の様子を、改めてじっくり振り返ってみました。そこから感じたのは、現在の安倍政権の政治手法と、かなりの類似性があるということです。

朴正熙は、「漢江《ハンガン》の奇跡」と呼ばれる驚異的な経済成長を韓国にもたらしました。それはいわゆる「開発独裁」の結果であったわけですが、韓国国民の多くは、独裁の息苦しさを感じつつも、経済成長自体は歓迎しました。これは、安倍総理が「アベノミクス」という経済成長戦略を政権の目玉に掲げ、株価やＧＤＰ（国内総生産）、失業率といった経済指標を大きく改善させることで支持を集めてきたことと、オーバーラップします。

二つ目の類似点は、「国民に迫る危機の強調」という点です。朴正熙大統領の場合、「敵」は言うまでもなく北朝鮮でした。北朝鮮が韓国の敵であることを強調し、対決姿勢を前面に出すことによって、国民の支持を集めたのです。同様に、安倍政権も北朝鮮による核ミサイル開発危機を強調することによって、結果的に支持率をアップさせてきました。

三つ目の類似点は、「対抗勢力の腐敗や無策の強調」です。朴正熙の場合、前政権を否定するだけでなく、強大な権力を手にしていたので、それをフルに使い政敵を拉致《らち》し、政治活動を制限させ、メディアに対しても規制を強め、自らの権力基盤を固めていきました。一方、安倍政権はさすがに個人への暴力行為は行わないものの、圧倒的議席数を背景に自らが望む法案を次々に可決させ、メディア規制の動きを強めています。

そこに共通するのは効率性を重視する姿勢です。見方を変えれば、反対意見との議論のような時間がかかることはせず、危機感を煽《あお》ることで自らの意見を通す手法です。成果を収めていれば、これまで積み上げてきたプロセスは気にせず、協議などを端折《はしょ》ってしまうわけです。象徴的なのは、麻生太郎副総理が二〇一三年七月二九日の「国家基本問題研究所」のシンポジウムで、「ナチス発言」と呼ばれる放言を行ったことです。当該部分を引用します。

「ヒトラーは、選挙で選ばれたんだから。ドイツ国民はヒトラーを選んだんですよ。間違わないでください。（中略）憲法は、ある日気づいたら、ワイマール憲法が変わって、ナチス憲法に変わっていたんですよ。だれも気づかないで変わった。あの手口学んだらどうかね」

安倍首相が一貫して憲法改正を目指してきたことと相まって、副総理のこの発言は

「ナチスの独裁を肯定するのか？」と激しい批判を浴びました。

　麻生さんはしばしば問題発言をする人ですけれど、さすがにこれは看過《かんか》し難《がた》いと感じました。でも、この発言で麻生さんが辞任したわけでもないし、日本のみなさんは意外に危機感を感じていないように思います。ナチスやヒトラーといった言葉に耳目《じもく》が集まってしまいましたが、その発言には、民主主義や選挙を通じて、本来逆の手法である独裁や法の有名無実化が進んでしまう怖さが潜《ひそ》んでいます。朴正熙も三度にわたる大統領選挙で国民から選ばれたことを背景に、しばしば国会での適正な議論や票決を省《はぶ》いて独裁を完成させてしまいました。

　一見、選挙などのプロセスを経ているため、社会の危機感が高まらないからこそ、政治がますます過度の権力集中に向かってしまい、その一つの帰結として行政文書の改竄などの問題が出てきたのだと思います。私は長期化している安倍政権が独裁に近づく危険性を感じてならないのですが、佐藤さんはどうお感じですか？

佐藤　「朴正熙時代の韓国と現在の日本が似ている」という金先生のご指摘は鋭いと思います。私から見ると、その類似性には歴史的な背景があります。それは「満州国」という共通のキーワードです。

金　日本が現在の中国東北部に築き上げた、傀儡《かいらい》国家の「満州国」ですね。韓国とは意外に縁が深く、同国そして清朝《しんちょう》のラストエンペラーであった溥儀《ふぎ》は成績優秀者であった朴正熙に金時計を下賜《かし》しています。

佐藤　そう。ご存じのとおり、朴正熙は満州国陸軍軍官学校に学び、のちに満州国軍の士官を務めました。その時代に、彼は日本が満州を支配した手法を間近に見て学んだのだと思います。のちに韓国大統領になったあと、開発独裁を進める際に、満州で学んだことがかなり生かされたはずです。

一方の安倍総理は、祖父である岸信介元首相を深く尊敬し、彼の政治手法から多くを学んでいます。そして、じつは岸信介という人は、「満州国」を作った日本人の一人でもあるのです。

金　両者の関係は姜尚中《カンサンジュン》さんと玄武岩《ヒョンムアン》さんの共著『興亡の世界史 大日本・満州帝国の遺産』（講談社）に詳しいですね。

佐藤　岸はエリート官僚だったのですが、一九三六年に満州に渡り、以後、満州国の要職を歴任します。満州国で強い影響力を持った五人の大物日本人を「弐《に》キ参《さん》スケ」と呼ぶのですが、岸もその一人に数えられています。五人の中には、東條英機や松岡洋右《ようすけ》もいました。
安倍総理は祖父の岸信介を理想の政治家像として掲げ、岸からさまざまなことを学ぶ中で、満州国的な統治体制にあこがれを持ち、無意識のうちに模倣《もほう》しているのだと思います。それはたとえば、経済の効率化を重視するところや、一種の「総動員体制」を目指しているところなどに感じられます。何しろ満州国には野党勢力などなかったわけですから、ある意味で好き勝手に国を作ることができた。そのことに安倍総理はあこがれ、なるべくそれに近い体制を作ろうとしているのだと感じます。たとえ、それが無意識の模倣であったとしても。

金　たしかに、「総動員体制」という見方から満州国と岸信介を見ると、現代にもつながっていきますね。岸信介と朴正熙との関係、岸信介と安倍首相との関係はそれぞれ別個に存在していると考えてきましたが、一つのキーワードから三者が有機的につながりました。

佐藤　ちなみに、北朝鮮の政治にも、じつは満州国からの影響が見られるという指摘があります。先代の北朝鮮指導者・金正日《キムジョンイル》は、「先軍政治《ソングンチョンチ》」――すべてにおいて軍事を優先するという政治スタイルをとりました。これはむしろ朴正熙大統領の政治体制のモデルに近いから、じつはそこに満州国からの影響が隠れている……と、東京大学名誉教授の和田春樹先生が指摘されていました。私もそのとおりだと思います。

金　金日成《キムイルソン》が満州国でパルチザン活動を行い、金正日が極東のソ連保護下で生まれたことを考えると、東アジアでさまざまな運命の糸が絡《から》み合っている気がしますね。満州国の北朝鮮への影響は独裁という手法と同時に、岸信介をはじめとする戦前のエリートが社会主義を学術的な常識としていたことが大きかったと思います。反共の印象が強い岸ですが、社会主義からの影響は以前から多く指摘されていますね。それは朴正熙も同じです。じつは日本、韓国、北朝鮮が理解し合える要素を共有していたという視点は貴重なものだと思います。

佐藤　それから、麻生さんの「ナチス発言」についてですが、麻生さん本人は軽い気持ちで言ったのかもしれません。しかし、金先生がおっしゃるとおり、あの発言は非常に深刻です。

初期ナチスの理論家であった、オットー・ケルロイターという法学者がいました。戦前の東京大学で教えた時期もあり、ミュンヘン大学の法学部教授も務めた人です。そのケルロイターの戦前の著作に『ナチス・ドイツ憲法論』（一九三九年刊／邦訳・岩波書店）

というものがあります。

その中でケルロイターは、〝ワイマール憲法がどうであれ、憲法と矛盾するような「血の純潔法」や「国防法」などさまざまな法律を作ることによって、実質的に憲法の内容を変えてしまうことができる〟と主張しています。そして、ケルロイターはナチスの理論家として、解釈改憲によってワイマール憲法を実質的に変えてしまったのです。

麻生さんが『ナチス・ドイツ憲法論』を読んでいたとは考えにくいのですが、教養ある人が聞けば、彼の「ナチス発言」を聞いて即座にケルロイターの理論を連想したはずです。かりにも安倍政権の中枢にいる政治家が、ナチス・ドイツが憲法を歪めて独裁体制を築いたことを肯定するような発言をしたのですから、国内よりもむしろ国際社会に衝撃を与えたと思います。

国際社会の知識人たちは、麻生さんの発言を知って、「日本はおかしくなってきている。憲法改正しなくても、解釈改憲によってナチス・ドイツ的な独裁体制を築けると考えているのではないか」と、強い危機感を覚えたはずです。それは日本にとって非常に危険なことと言えます。

金　第二次世界大戦後の世界は「ナチスへの反省」が一つのキーワードです。国際法や政治学等の分野では、「ナチスが行った民族差別や独裁を繰り返さないためには、どうすればよいのか」が追究されてきました。実務レベルでも学術レベルでも国際的に共通した認識がある中で、日本のナンバー2の立場にある政治家が「ナチスを参考にすれば」と発言した衝撃はとても強いもので、私も海外でそれが話題になったことを覚えています。

佐藤　それと、安倍政権の長期化がもたらしたリスクをもう一つ挙げるとすれば、日本社会の一部に排外主義的傾向が強まっていることです。これも大変危険な傾向です。

その国の「健全度」を推し量る大きな指標となるのは、国内にいるマイノリティに対して社会がどう接しているかだと思います。日本の場合はとくに、在日韓国・朝鮮人に対する社会の態度の変化が、重要な指標になります。

ご存じのとおり、安倍政権が長く続くにつれ、在日に対するヘイトスピーチは激化していきました。そのことが直接、「安倍政権のせいだ」とは言えないにしろ、ある程度の関連性はあると思います。日本社会の空気が、徐々に排外主義的になってきているのです。日本でも「ヘイトスピーチ対策法」が二〇一六年にできましたが、それは裏返せば、過去一〇年くらいの間に、日本はそのような法律が必要なほど、ヘイトスピーチが蔓延《まんえん》する国になってしまったということです。

金　日本は人種差別撤廃条約第4条「(a)人種的優越又は憎悪に基づく思想のあらゆる流布、人種差別の煽動《せんどう》、いかなる人種若《も》しくは皮膚の色若しくは種族的出身を異にする人の集団に対するものであるかを問わずすべての暴力行為又はその行為の煽動及び人種主義に基づく活動に対する資金援助を含むいかなる援助の提供も、法律で処罰すべき犯罪であることを宣言すること。(b)人種差別を助長し及び煽動する団体及び組織的宣伝活動その他のすべての宣伝活動を違法であるとして禁止するものとし、このような団体又は活動への参加が法律で処罰すべき犯罪であることを認めること」との規定に対して留保をつけています。そうした法律を整備することで、各種の評論行為や集会・結社の自由を委縮《いしゅく》させてしまうのではないか、という論法です。しかし、ネット上の〝自由な言論〟やヘイトデモには十分な規制がなく、二一世紀に入ってからそれらは野放しにされ、日本におけるマイノリティは非常な痛みを抱えてきました。日本政府には問題がより深刻であるとの認識を持って、国際的な議論に向き合ってほしいと思います。

佐藤さんは日本におけるヘイトスピーチ蔓延の原因は何だと思いますか？

佐藤　原因は複合的で、どれか一つということではないと思います。私が思うに、まず一つは「右肩上がりの経済成長」がもうできなくなったということです。ドイツなどにおいても、失業した若者たちが増える中で、「あいつらのせいで俺たちは仕事を失った」と移民たちを排撃する勢力が増えていきました。同様に、日本でも望んだ仕事に就けない人たちや、経済的に恵まれていない層が、その怒りをマイノリティに向ける傾向が見られます。同様の傾向が将来に不安を覚える比較的富裕な中産階級にも見られます。日本の国際的な地位が低下し、中国に経済力で追い抜かれたとか、そういうことに対する苛立《いらだ》ちでもあるでしょう。

そしてもう一つ、私がヘイトスピーチ蔓延の背景として重要だと感じているのは、近年の日本人が、隣国の歴史や、隣国に対して日本人が行ってきたことについて、客観的事実に基づいて理解する作業を怠《おこた》ってきたということです。ここ一〇年ぐらいとくに顕著な傾向で、それが排外主義的な気運になって表れています。

一例を挙げれば、私が大学生だったころには、中規模以上の書店には必ず在日韓国・朝鮮人文学のコーナーがありました。金達寿《キムタルス》の『玄海灘』、李恢成《イフェソン》の『伽倻子《かやこ》のために』や『見果てぬ夢』などといった作品が並んでいて、日本の知識人はごく普通に親しんでいました。一方で、日本人作家が日本の植民地支配を描いた小説――たとえば梶山季之《としゆき》の『李朝残影』『族譜』などが書店に並んでいて、よく読まれていました。
ところが、いまはそういった作品のほとんどが絶版になっています。日本の植民地支配の実態を、小説をとおしてでも学んでいれば、韓国に対する偏見は抱《いだ》けないと思うのですが、そうしたことを学ぼうとする人も少なくなり、学ぶ機会も減っているのです。

金　かつての在日の文学には、自らの経験から生まれる、沸き立つような説得力があり、次の世代の文学や映像作品には境界にいる自分を見つめる眼差しがありますね。私自身、日本を拠点とする生活が二〇年を超《こ》え、彼らの感覚に少し近づけているのかと感じることもありますが、そうした作品がより多くの日本人に伝わればと思います。彼らの作品には、あたりまえですが一面的な存在は出てきません。もちろん、典型的な人物も描かれますが、多様性の宝庫のような人々が悩み、笑う様子を文字のうえでも実感すれば、「韓国人」「在日」といった存在を表面的な情報だけをもって一律のものとして見る視点が変わっていくのではないかと思います。
日本で、そうした文学に注目が集まらない一方で、韓国では、若者たちが日本文学によく親しんでいます。それは韓国に行って、街の書店に行ってみれば、一目瞭然《いちもくりょうぜん》です。日本の文学に親しんだ世代の若者からすれば、日本は多様であり、歴史問題は国が抱える問題の一つです。韓国では、歴史と文化を分けて考える土壌が育ちつつあり、韓国を一面的なものと捉えやすい日本との間にギャップができていますね。

佐藤　そう。そのような情報の非対称性がある。日本では韓国文学はほとんど読まれていないという悲しい現実があるのです。だから、日本で韓流ブームが起きても、それは一過性の流行として消費されるだけで、韓国への深い理解にはつながりにくい。

北朝鮮の脅威とどう向き合うか

金　先ほど、朴正熙政権と安倍政権の類似性の一つとして、北朝鮮を「敵」とすることで国民の支持を集める、ということを挙げました。そのことに関連して、私は昨年（二〇一七年）一〇月の衆院選で驚いたことがあります。それは、自民党が選挙公約のいちばん最初に、「北朝鮮の脅威《きょうい》から国民を守り抜きます」という言葉を掲げていたことです。そのことに対して、野党はとくに反対していなかったので、選挙の争点としてまったく成立していませんでした。

「北朝鮮の脅威から国民を守り抜きます」ということが、なぜ日本の政権党の選挙公約になるのか？　しかもよりによって、なぜ公約のトップに掲げなければならなかったのか？　私は一韓国人として強い違和感を覚えました。「北朝鮮の脅威」の最大の当事国は韓国ですが、韓国の国政選挙や大統領選挙でさえ、北朝鮮に関する公約が冒頭に掲げられることはありません。

佐藤　金先生が違和感を抱くのも当然です。公約としては異様です。

金　なぜ昨年の総選挙で自民党がそのような公約を掲げたのかと言えば、一つには、いわゆる「モリカケ（森友学園・加計学園）問題」から国民の目をそらすために利用していたのではないか、ということが考えられます。また、国民共通の敵を設定して危機感を煽り、そのことで支持を集めようとした面もあるでしょう。いずれにせよ、熱狂を生みやすい民主主義にとって危険なことだと思います。特定の国に対する敵意と危機感を煽ることが、何をもたらすのかに関する想像力が欠如しています。

実際、選挙が終わって数カ月後の一八年三月には、右翼活動家が朝鮮総連本部に銃弾を撃《う》ち込むという事件も起きています。私はその銃撃事件後のネットの反応を注意してウオッチしていましたが、明らかなテロ行為なのに、そうした視点による批判の言葉はほとんど見られませんでした。むしろ、「犯人の気持ちもわかる」とか、「朝鮮総連を銃撃したのは許せる」などという書き込みが多かったのです。政権党が堂々と選挙公約で北朝鮮を敵視していたのですから、日本社会の空気がそのようになるのは無理もない気がします。

そこで、『佐藤優の「公明党」論』（第三文明社）をはじめ、公明党についての著作も多い佐藤さんにお聞きしたいのですが、与党である公明党は、自民党のこのような姿勢をどう見ているのでしょう？

佐藤　公明党は、自民党のそういう姿勢とは一線も二線も画しています。「北朝鮮の脅威から日本を守る」ことそれ自体に、総論として反対する人はだれもいないでしょう。問題は、どのように「守る」のかということです。公明党は、現時点ではそのことについて明確な方針は示していません。ただ、私の理解するところでは、自民党のように圧力と制裁だけで北朝鮮問題を解決できるとは、公明党は考えていない。

そもそも「脅威」というものは、その国が能力と意思の両方を持ったときに生まれます。「能力」とは、日本を破壊し得るだけの軍事的能力のことです。「意思」とは、その能力を用いて日本を攻撃しようとする意思のことです。

北朝鮮はいま、日本を破壊する能力を持ちつつあります。その能力をすぐに捨てさせることは困難です。したがって、日本が「北朝鮮の脅威」に対抗する方法は一つしかない。それは、「日本を攻撃しようとする意思」をなくさせることです。

そのためには何が必要か？　文化交流・経済交流などの相互の交流を強化して、相互依存体制を強化することです。韓国の文在寅《ムンジェイン》政権は、明らかにその方向に舵《かじ》を切っています。

一方で日本の安倍政権は、北朝鮮の脅威を煽り立てる方向、圧力と制裁で敵対する方向のままです。これは、時代認識がきちんとできていないということだと思います。

金　日本政府の方針は圧力一辺倒で、国連をはじめ国際的な場で聞いていて怖くなるほどの強い言葉で北朝鮮を非難していますね。そうした中で、公明党はその方向性に同調はしていないということですか？

佐藤　明らかに同調していません。ただ、連立政権のパートナーですから、自民党の北朝鮮政策について、あからさまな反対はしにくいでしょう。たとえば自民党の選挙公約について、「最初の項目に北朝鮮の脅威云々はおかしいだろう」と思っても、そうは口にしにくいはずです。

金先生、これは覚えておくといいと思うのですが、公明党の動向を見るときの基本になるのは、支持母体である創価学会の動向なんです。創価学会の価値観とかけ離れた行動を、公明党がとることはあり得ません。

金　ドイツキリスト教民主同盟（CDU）の政策、あるいはアメリカの大統領選挙の動向を見る際に支持者の中核であるキリスト教徒の背景を見ることは欠かせませんが、公明党と創価学会との関係を考えれば、その視点は一層、重要になりますね。公明党が与党であることを踏まえれば、支持母体である創価学会への理解は与党の政策を考えるうえで貴重な要素になってくると。

佐藤　だから、公明党が北朝鮮問題に対してどんなスタンスであるかも、創価学会の動きから読み解けます。ポイントは、創価学会が一貫して核廃絶を目指してきたということです。

とくに、二〇〇六年には池田大作SGI会長が「『SGIの日』記念提言」の中で、次の一〇年を「核廃絶へ向けての世界の民衆の行動の一〇年」とすべきだと訴えました。要は、〝今後一〇年の間に、核廃絶についての目処《めど》をつける〟と宣言したのです。その翌年に「ICAN（核兵器廃絶国際キャンペーン）」という連合体ができて、このICANが核廃絶に取り組むのを、創価学会／SGIは全面的に支援してきました。ICANの

「国際パートナー」の一つにもなっています。

そして昨年（二〇一七年）、すなわち〝今後一〇年で核廃絶の目処をつける〟と池田会長が宣言したその一〇年が過ぎたころ、ＩＣＡＮはノーベル平和賞を受賞しました。これは、創価学会が受賞したに半ば等しいことなのです。

公明党の北朝鮮政策も、当然、池田会長の提言に沿ったものとなります。いまの自民党は核廃絶に対して非常に後ろ向きですが、公明党は核廃絶に関しては一歩も二歩も踏み込んで前向きです。ということは、北朝鮮に対する姿勢においても、圧力と制裁に終始する自民党の「北風」的姿勢とは逆で、対話をベースにした「太陽政策」で核廃絶を目指す方向性だと思います。

金　創価学会の戸田城聖第二代会長による一九五七年の「原水爆禁止宣言」については、佐藤さんをはじめ多くの識者の方々と共に昨年、『受け継がれる平和の心　原水爆禁止宣言と神奈川』（潮出版社）に寄稿させていただきましたね。そうした認識が創価学会内で六〇年にわたって受け継がれ、国際的な動きに発展しているというのは、東アジアの安全保障にとっても重要なことですね。それを聞いて少し安心しました。

佐藤　もちろん、北朝鮮の現体制がよい体制ではないことはたしかです。ただ、北朝鮮にもわれわれと同じ民衆がいるわけですから、その民衆を不幸にすることはできるだけ避けるべきだし、公明党もその方向で考えているはずです。

また、北朝鮮にも民族の自決権はあるわけで、それは基本的に尊重しなければなりません。われわれは外の人間ですから、北朝鮮に対しても立ち入っていいことといけないことがあります。たとえば、南北間で対話を進めていくことや、オリンピックで統一旗を掲げることなどに関しては、民族自決権の問題だから、日本が過剰に干渉《かんしょう》する必要はないのです。

日本の対米姿勢について

金　次に、日本の対米姿勢について話したいと思います。「日米安保条約」によってアメリカの「核の傘」に守られている日本にとって、対米姿勢は国が進む方向性に直結する重大事です。ただ、私はアメリカの大統領が代わり、国の政治が変わっても、日本の対米姿勢がまったく変わらないことに、違和感と不安を覚えます。オバマ前大統領の政策を否定することに注力するトランプ大統領にも、日本はそのまましたがっています。

方針が転換されても、日本はアメリカに合わせてしまう……そこに、国家としての主体性を損なう危険性も感じます。

日本には「平和」「非核三原論」「憲法九条」という、国としての根幹をなす明確な基準があります。無節操に対米従属を続けると、そうした基準が失われていくような気がします。とくに、沖縄が本土に復帰した動機の一つには、〝平和憲法の枠内に入れてほしい〟という思いがあったと思います。日本全体の七〇パーセントもの米軍基地を抱える沖縄の人たちは、日本の対米従属姿勢に複雑な思いを抱いているのではないでしょうか。

そうした日本外交の一貫性を考えるとき、アメリカ以外の国ではどのような方針がとられているのか明確に見えてこない部分もあります。そこで、佐藤さんも長年かかわってこられた日本のロシア外交には、一貫した方針はあるのでしょうか?

佐藤　対ロ関係に関して、日本外交の底流にあるのは、「北方領土問題を解決して、平和条約を締結する」ということですね。一昔前までは、北方四島を何らかの形で日本の主権下に置くことを目指していたのですが、安倍政権になってからそこのところは緩《ゆる》んできています。ただ、いずれにせよ、「平和条約を締結し、戦争状態を完全に終わらせる」ことが外交目標です。

それから、沖縄の人々と日本政府の対米姿勢については、日米関係そのものから説き起こさないといけない。金先生は「国体論」ってわかります？

金　私は仕事柄、日本の歴史について調べることがあるのですが、戦前や戦中期になるとよく目にする言葉ですね。天皇制に近い意味ととりつつ本や論文などを読んできました。

佐藤　英語で「The Constitution of Japan」と言えば日本国憲法のことですが、天皇を「象徴」とする憲法とは別に、もう一つの〝目に見えない憲法〟が日本にはあるという考え方が「国体論」です。それが「日本は天皇を中心にして成り立っている国だ」という考え方であり、それが万邦無比の我が「国体」になります。その「国体論」が暴走したのが、先の戦争でした。

金　少し時間軸を広げてみると、日本で国体論が市民レベルでも定着したのは明治時代以降です。つまり、明治から太平洋戦争にかけては百年にも満たない。しかし、その暴走の終着に端を発する混乱で、朝鮮半島は分断を迎えてしまった。そうした意味でいうと、単なる政治用語で終わる言葉ではないですね。

佐藤　その戦争を終わらせる過程において、外務省はユニークな役割を果たしました。戦争末期、日本がギリギリの局面に来て「ポツダム宣言」を受諾したのは、外務省の影響が非常に強い。外務省と宮中が結びついて、ポツダム宣言受諾を決めたのです。

日本側としては、降伏しても天皇は守らないといけなかった。「国体」ですから。そのために、〝受諾しても国体に変更はないという了解の下なら、ポツダム宣言を受諾する〟（天皇の統治大権に変更を加えないことを条件とした受諾）という趣旨の回答を、日本は出したのです。ただ、連合国側は日本に無条件降伏を求めていましたから、その「条件」は当然、認めませんでした。そこで、アクロバティックな駆け引きがなされたのです。

当時の米国務長官バーンズからは、「天皇と日本政府の権威は連合国軍最高司令官に従属（subject to）する」という趣旨の回答が来ました。

この「バーンズ回答」について、外務省は「subject to」を「制限の下に置かれる」とギリギリの意訳をして、軍に対して「これなら国体は護持されます」と説明しました。そのことによって軍も了承し、日本はポツダム宣言を受諾しました。

戦後、日米安保体制を作るに際しても、じつは安保条約と「国体論」はアマルガム（合金）のように結びついていました。日米同盟は日本の「国体」を護持するための与件（前提条件）である、という発想です。だから、国際情勢がどう変わり、アメリカの大統領が代わっても、「もう日米同盟は必要ないからやめましょう」という発想には、日本は絶対ならないのです。

「どうして時代が変わっても日本の対米姿勢は変わらないのですか？」と金先生は不思議かもしれませんが、それは「日本の国体論と結びついているから」という答えになります。ただ、それは「見えない憲法」のしからしむるところなので、外からは理解しにくいのです。

金　かつてアメリカから「国体」を守ろうとした日本が、いまでは「国体」を守るための存在としてアメリカを見ているのですね。非常に皮肉な形にも映りますが、単なる同盟関係を超えた位置づけがわかりました。

韓国もアメリカへの態度は同様なものがあります。そこには「北朝鮮に対抗し、国を維持する」という命題があり、その意味で国の存立にかかわっているわけです。日韓両国にとってのアメリカとの同盟関係の重要性は、他国とは違うと言えますね。

日本の朝鮮半島への認識について

金　次に、日本の朝鮮半島への認識について取り上げたいと思います。

私は、日本のみなさんの韓国と北朝鮮に対する認識が、あまりに単純な印象――「韓国＝反日」「北朝鮮＝暴走国家」というイメージのみで成り立っている気がして、そこに懸念を覚えます。韓国も北朝鮮も、それほど単純に割り切れるわけではなく、いろんな人がそこにはいて、一人の韓国人の中にも重層的な思いがあります。

たとえば、いまの韓国には、日本の文化や日本そのものが好きな若者が、たくさんいます。私がそういう人たちと話をしてみると、「歴史問題に関してはきちんと話し合うべきだけれど、それ以外の部分では日本が大好きで、旅行にも行きたい」という声が多いのです。日本の人たちの朝鮮半島認識は、そのような「思考の重層性」に対する理解が乏しいのではないかと感じます。「韓国＝反日」というイメージに引きずられすぎではないでしょうか。

旅行者数を比べてみても、昨年（二〇一七年）、韓国から日本に来た旅行者は七一四万人に上ります。そのうち多くを占めるのが若者層です。ところが、逆に日本から韓国へ旅した人の数は年に二三〇万人。韓国から日本への旅行者の三分の一以下でしかないのです。日本の人口は韓国の二・四倍であることを考えると、韓国の日本に対する関心がわかります。そのような非対称性が見られるのは、「韓国＝反日」というイメージの影響も大きいと思います。

また、「日本大好き」な人も多い韓国の若者層は、文在寅大統領の支持基盤にもなっています。その文大統領についても、日本では「反日」の大統領だというふうに報道するメディアが多いのですが、私から見ると、別に「反日」だとは思えないんですね。たしかに、歴史問題に対して文大統領は厳しい姿勢をとっています。でも、その背景には日本との歴史問題の解決を望む韓国世論を朴正熙以降の軍事政権が強硬に抑えてきた構造があります。ある意味で、歴史問題の解決は韓国人の多くが望んできたところであり、民主化運動に邁進《まいしん》してきた文大統領にすれば、歴史問題を解決したいと思うのは当然なのです。では、文大統領が日本嫌いなのかと言えば、彼は日本との問題が拗《こじ》れないように対話を継続する姿勢を見せています。

そうした韓国へ一面的な印象に引きずられるのと同じような構図が見えるのが、北朝鮮外交です。日本政府からは「暴走する軍事独裁国家」という印象が強まる言葉ばかりが伝わってきて、北朝鮮とのパイプが乏《とぼ》しく、外交が行き詰まっているような印象を受けます。そのあたり、佐藤さんはどうお感じでしょうか？

佐藤　まず、北朝鮮との関係について言えば、いまの日本政府はちゃんとしたチャンネルを持っていると思います。外務省が瀋陽《シェンヤン》の総領事館を通じて北とのパイプをきちんと持っていて、情報のやり取りはできています。一昔前のように、北朝鮮がらみの怪しげな人が暗躍して、間違った情報が飛び交う状態ではなくなってきています。

金　政府や政治家の言葉と実務レベルでは違いがあり、改善が見られるのですね。

佐藤　かなり改善されました。ただ、日朝のチャンネルは水面下の存在なので、一般には見えにくいのです。

金　その点は安心しました。日本社会全体に広がる印象を思うと、そのコミュニケーションが広がり、認識が改善する段階に移ってほしいと思います。

佐藤　ただ、もう一つ指摘された、日本人の多くが「韓国＝反日」というイメージに縛られすぎているという点は、そのとおりだと思います。

金　少し前に、私個人の携帯電話に、韓国大使館からメッセージが入りました。「何月何日の何時ごろに、新大久保で韓国に対するヘイトデモが行われます。十分注意して行動してください。もし何かあったら、大使館のこの携帯に連絡してください」というメッセージでした。東京在住の韓国人に一斉送信されたようです。「それほどまでにヘイトスピーチは深刻な問題になっているんだ」と驚きました。

たしかに、日本の中規模・大規模書店に行くと、嫌韓・嫌中本が一つのコーナーになっているほどたくさん並んでいます。時折、何か参考になったり、気づいていないこともあるかと思い、手に取ることもあるのですが、都合のいい情報だけを並べて韓国への憎悪を煽っている印象を受けます。私も日本や韓国の政策について疑問を呈することはありますが、一応、その後の展開がよくなるようにと思っているので、スタンスは真逆ですね。でも、売れている……。

佐藤　たしかに、嫌韓・嫌中本は、出版不況で本がなかなか売れない状況の中で、売れ筋商品になっていますからね。

金　韓国にも「反日本《はんにちぽん》」はないわけではありませんが、書店で一コーナーになるほど多くはありません。ここにも非対称性があります。

日本社会の戦後の歩みを見れば、かつては強かった中国人や韓国人に対する差別と偏見が、少しずつ解消されてきました。ところが、戦後民主主義の中で積み重ねられてきたその歩みが、ここ数年間で台無しになってしまったという印象を受けます。

国際社会におけるアジアの存在は大きくなっています。中でも、中国や韓国のプレゼンスは戦後社会のそれと比べれば、雲泥《うんでい》の差があります。そうした国との良好な関係を築くうえで、日本の現状は大きく足を引っ張っています。何より私は日本と日本人が大好きだからこそ、一部の人たちの韓国に対するヘイトスピーチが残念でなりません。

沖縄へのステレオタイプを超えるために

佐藤　ヘイトスピーチの話が出たので指摘しておきますが、昨今、沖縄に対するヘイトスピーチが目立って増えています。

金　ヘイトスピーチについての法学や社会学の専門書を読むと、必ず沖縄についての言及があります。社会的な偏見についての専門家が懸念してきたことが、明確な形になって表れるようになってきたのですね。

佐藤　なぜかと言うと、二〇一六年にできた「ヘイトスピーチ対策法」が、外国人に対するヘイトスピーチしか対象にしていないからです。沖縄人に対するヘイトスピーチは取り締まりの対象ではないのです。だから、それまで中国人や韓国人や北朝鮮に対するヘイトスピーチをやっていた連中が、「沖縄なら法律に触れないから」ということで、沖縄ヘイトにシフトしているんですね。「ヘイトスピーチ対策法」の抜け穴、問題点だと思います。

金　日本政府に対して異議を唱える存在ならば、一律にヘイトスピーチの対象になるのですね。憎悪の対象を見つけたならば同国人であっても攻撃するとなると、国内の分断が生まれます。溜飲《りゅういん》を下げられれば、日本という国にとってマイナスであっても、それをよしとする姿勢に映ります。

佐藤　そういうことになりますね。

金　いま沖縄の話が出たので、佐藤さんにとってのルーツでもある沖縄について俎上《そじょう》に載せたいと思います。日本政治が抱える課題の中で、沖縄問題はかなり大きいと思いますので。

佐藤さんが一六年に出された著作『沖縄と差別』（金曜日）を、とてもおもしろく読ませていただきました。沖縄人は「日本人」「沖縄系日本人」「日本系沖縄人」「琉球人」という四つの複合アイデンティティを持っていて、その間で揺れ動いているという指摘に心を打たれました。とくに、現在では翁長雄志《おながたけし》沖縄県知事に対して、政府の側に立って反発する印象の強い仲井眞弘多《なかいまひろかず》前知事ですが、彼の数年にわたる変化を追いながら、「仲井眞さんをあそこまで追い込んだ中央政府の同化圧力を私は憎みます」（同書三〇九ページ）と指摘され、現在の姿勢に対して「本当はそういう人ではない」と分析されています。この数年の間に、多くの沖縄の人々の立場が揺れていたことを実感しました。

佐藤　翁長知事の履歴を見ても、アイデンティティの揺れは相当ありますから。

金　沖縄人にかぎらず、だれもがそのように重層的アイデンティティを持っているものだと思います。韓国の歴代大統領を例にとっても、金大中《キムデジュン》は政治家になる前は海運業で財をなした実業家であり、盧武鉉《ノムヒョン》は元々、ヨットが趣味で知られる税務関係の弁護士でしたが、韓国政府の弾圧に心を痛めて人権派弁護士になり、その後政治家になりました。独裁者イメージばかりが強い朴正熙も、「南朝鮮労働党」という共産党系の団体に所属していた時期があります。そのように、人間には必ず重層性があり、意識の変遷もあります。「あの人は〇〇派だから」とか、「あの人はだれそれの仲間だから、私の敵だ」というふうに決めつけてしまうことは、とても危険だと思います。

佐藤　おっしゃるとおりです。

金　佐藤さんが沖縄というルーツを強く意識し、沖縄についての学びを本格化させたのは、何がきっかけなんでしょうか？

佐藤　それは獄中（東京拘置所）にいたときですね。獄中では時間だけはたっぷりあったので、それまで読めなかった本を大量に読みました。その中で、沖縄の古代歌謡である「おもろさうし」を通読しました。弁護士が差し入れてくれた本でした。

その本に、私の母の出身地である久米島の「おもろ」も取り上げられていたんです。母が生まれた場所のすぐ近くにある「新垣《あらかき》の杜《もり》」について歌った「おもろ」でした。しかも、本の中には「世界は久米島の新垣の杜から始まった」という記述がありました。

その記述を読んだとき、私は雷に打たれたような衝撃を受けたのです。それまでの私は、永田町やモスクワ、ホワイトハウスが世界の中心であるように考えてきました。でも、そもそも地球は球体ですから、任意の一点を中心として考えることもできます。久米島の新垣の杜を中心にして世界史を描くことも可能なはずだ……そんなふうに考えました。そこから、沖縄についてじっくり学び始めたのです。

金　私もなるべく多面的にと、日本、韓国、アメリカの立場で考えようとしていますが、韓国で言うところの本貫《ポングァン》（氏族発祥の地）や分断以前の祖父母のルーツなどから物事を捉えると、また違う景色が見えるかもしれません。

佐藤　沖縄の問題の根本は、前にも言ったとおり、沖縄が日本社会から受けてきた差別です。そして、歴史的にも沖縄と朝鮮半島には密接な関係があります。

たとえば、江戸時代初期の一六〇九年に薩摩が琉球に侵攻し、最近の歴史用語で「琉日戦争」と呼ばれる戦争が起きました。この琉日戦争の遠因は、じつは豊臣秀吉の朝鮮出兵なのです。「朝鮮出兵に対する軍費を払え」と言われたとき、朝鮮出兵の目的は「明《みん》」に対する攻撃ですから、明と関係の深い琉球は協力を拒みました。それが薩摩の侵攻の原因になっているわけです。そのように、朝鮮と沖縄は常にパラレルな関係になっています。同じように日本から差別を受けてきた長い歴史がありますし。

金　そもそも、佐藤さんとの対談の企画をいただいたときに、沖縄をルーツに持つ佐藤さんと、日本に暮らす韓国人である私との間で、私が常々考えていた北東アジアの連帯というものをぜひとも話し合ってみたいと思いました。そして、実際にお話をうかがっていると、佐藤さんと韓国との間にもさまざまなつながりやご経験があり、この企画が単なる偶然の産物ではないと感じています。

さて、差別を解消していくうえで、公教育の役割は非常に重要だと思います。日本における沖縄に対する公教育で、不十分だったと思える点はありますか？

佐藤 うーん、公教育で不十分な点というより、もっと根源的な問題ですね。日本の「国体論」の話をしましたが、沖縄は日本で唯一、「天皇神話に包摂《ほうせつ》されない領域」なんです。

金 「天皇神話」というと二〇〇〇年前からの話ですか？ あるいは現代のことになるのでしょうか？

佐藤 いちばんわかりやすい例は、二〇一三年四月二八日――つまり民主党から政権を奪還して第二次安倍政権になって最初の「主権回復の日」の祝典です。「主権回復・国際社会復帰を記念する式典」と銘打って、東京都内の「憲政記念館」で式典が開催されたんです。

「主権回復の日」は、日本にとっては占領から解放された記念日ですが、沖縄にとっては日本から切り離された「屈辱の日」です。だから少しもおめでたくはないし、当時の仲井眞知事も参加しませんでした（副知事が代理出席）。式典には天皇皇后両陛下も参加されましたから、そのことで安倍政権を支持する一部の人たちは、「天皇陛下が来られるのに、沖縄県知事はなぜ来ないのか?」と批判しました。

それに対して、沖縄側は逆にキョトンとしてしまったんですね。「どうして、天皇が参加するからと言って、沖縄県知事が『屈辱の日』を祝うような式典に参加しなくてはならないのか?」と。

これは象徴的な出来事で、沖縄が唯一、「天皇神話に包摂されない領域」であることを如実に示しています。天皇に対する認識に、本土と沖縄では決定的な差があるのです。あの日の式典に知事が参加しなかったことによって、「沖縄は天皇という言葉によっては糾合《きゅうごう》できない」ということが、あらためてはっきりしたわけです。

金　天皇神話というものと同時に、沖縄戦やその後の米軍支配の歴史も含めた総体としての理解が必要だと感じます。どこか日本と韓国との関係性を彷彿《ほうふつ》とさせますね。加害側あるいは被害の要因を作った側は、実際に被害を受けた側との間に埋《う》めがたい意識の差があります。

佐藤　沖縄に対して、日本政府は過去一〇〇年以上にわたって同化政策をとってきました。しかし、やはりどうしても同化しきれない。なぜ同化しきれないかについては複雑な要因が絡み合っているのですが、ともあれ、結論として同化しきれない。

　少し強い言葉を使えば、沖縄はいまだに「国内植民地」なんですよ。言い換えれば、沖縄問題はその本質において「民族問題」なんです。だから日本政府は、沖縄は日本という同じ国家に所属してはいるけれど、自己決定権を持っている民族集団であるという意識を、やはり持たなければならない。

　もう一つ言うなら、差別の問題というのは経済には還元できない。沖縄振興策でお金をつければ差別は解消するというわけではないのです。本土の人々と沖縄の人々がそれぞれ、相互理解のための努力をし続けないといけない。

沖縄が差別されたままの状況がこのままずっと続けば、やがてどこかの段階で、沖縄の人々は自己決定権を行使して分離独立する道を選ぶでしょう。もしそうなったら大変な流血の事態になってしまう可能性があるから、何としても避けないといけないのです。

金　私は、本土と沖縄では、民主主義に対する期待感が大きく違う印象を受けます。本土の日本人は民主主義に対してわりとシニカルな人が多いですが、沖縄にはまだ民主主義に対する熱い期待が感じられます。その違いは何に起因すると思いますか？

佐藤　それは、沖縄の民主主義は「闘《たたか》って勝ち取った民主主義」だからです。前にも話しましたが、本土復帰運動は、沖縄人にとって「私たちも憲法の枠内に入れてくれ。そのことで人間として扱ってくれ」という魂の叫《さけ》びから起こったものです。人権を勝ち取るためには復帰するしかなかったのです。闘って勝ち取った民主主義だからこそ、いまも民主主義に対する期待は大きいし、安倍政権の民主主義を無視するような手法に対する反発も強いのです。

それに対して、よく言われるとおり、日本人にとっての民主主義は戦勝国のアメリカから「与えられた」ものですから、シニカルな眼差しとなって表れがちなのです。

金　そのあたりも、韓国と沖縄の共通点というか、相互理解が進みやすい部分なのかもしれないですね。

北東アジアを結ぶ民間外交の可能性

金　この対談では、北東アジア各国を一つに結ぶ方途について、さまざまな角度から考えています。あたりまえですが、外交は国家間外交だけで成り立っているわけではなく、さまざまな民間外交も重要な役割を果たします。

そこで、民間人同士の連携の可能性について考えてみたいと思います。すでに話題にのぼった、各国のＳＧＩ組織同士の連携も、その一つの道でしょう。

日本の市民団体の多くは個人の熱意に依拠しているため、各国との連携がなかなか進まないという話も聞きました。それでも今後は、インターネットを通じた市民の連帯にも、一つの大きな可能性があると思います。

また、若者たちの連携にも希望を感じます。学生たちが組織した元「SEALDs《シールズ》」のメンバーが、いわゆるモリカケ問題に対してデモを行う前に、韓国の「ろうそくデモ」を指導した人と連絡をとって、意見交換をしたという例もありました。

また、ロシアに目を向ければ、ロシアの極東地域が東アジア各国と連携できる可能性もあると思います。そのあたりについて、佐藤さんのご意見をお聞かせください。

佐藤　出鼻をくじくようですが、ロシアの極東地域に関しては、東アジアと連携できる可能性はほとんどありません。

金　地域的にヒトやカネの往来も一定程度あるので、可能性があると考えていたのですが、一見するとわからない事情があるのでしょうか？

佐藤　まず、極東ロシアの人々はモスクワへの中央志向が非常に強くて、北東アジアという枠の中に入ろうという意識自体がほとんどありません。

それは、バイカル湖以東の人口が六二〇万人しかないためでもあります。一方、中国の東北三省を合わせた人口は一億一〇〇〇万人くらいです。しかも、東北三省の平均賃金は、極東ロシアの平均賃金よりもはるかに安い。それでいて気候条件は変わらない。ということは、ロシアが中国に対して国境を開いたら、大量の中国人が働くためにロシアの極東に入ってくる。それは安全保障の観点からも大きなリスクになります。

そういう事情もあって、ロシアは中国や北朝鮮との民間交流を避けるという政策をとっています。だから、極東ロシアは北東アジアの連携の窓口にはなり得ません。

金　かつて現地に何十万人もいた朝鮮半島出身者は「日本のスパイ」だと疑われ、スターリン時代に中央アジアに強制移住させられましたし、中国との間には戦後対立がありました。さらに北朝鮮や中国との間には経済格差がある。歴史に「たられば」は禁物ですが、本来交流の芽《め》があったのに、それが人的に刈《か》り取られてしまった状況があるのかもしれません。それでは、若者たちの連携や宗教を介した連携についてはどうですか？

佐藤　宗教を介した連携といえば、かつてはキリスト教徒が韓国との連携に一定の役割を果たしてきました。カトリックもプロテスタントも……。たとえば、「T・K生」名義で『韓国からの通信』を書いた池明観《ジミョンクワン》氏（政治学者）はクリスチャンですね。ただ、その後日本のキリスト教は弱くなってしまったので、いまはその役割をまったく果たせていません。その意味では、やはりＳＧＩの果たしている役割は突出して大きいと思います。

それから、「SEALDs」については、私はあまり評価していません。「自由な連帯」と言えば聞こえはいいですが、彼らの中には責任主体がなくてバラバラでしたし、ただ集まって騒いでいるだけという印象を持ちました。だからこそ、主要メンバーが大学を卒業した途端、雲散霧消《うんさんむしょう》してしまったのだと思います。

また、「SEALDs」に集ってきた若者たちを組織化しようとしたのは共産党系の日本民主青年同盟で、「市民の力」でも何でもないと思います。

「人間主義による連帯」こそ大切

金　沖縄は「天皇神話に包摂されない領域」だというお話がありましたが、それはそれとして、現天皇は、沖縄に対する深い思いを持っておられると思います。たとえば、天皇として最後の沖縄訪問となった今年（二〇一八年）三月二八日の『琉球新報』が皇太子時代の天皇の談話を再録していて、私は強い印象を受けました。それは「ひめゆりの塔」に献花《けんか》した際に、火炎瓶《かえんびん》を投げつけられた一九七五年七月一七日の夜に発表された談話です。少し引用してみます。

「払われた多くの尊い犠牲は、一時の行為や言葉によってあがなえるものではなく、人々が長い年月をかけてこれを記憶し、一人一人、深い内省の中にあって、この地に心を寄せ続けていくことをおいて考えられません」

ここには、「切り捨てられた人々」が望むものが込められた言葉があります。皇太子時代から言葉と行動が一致してきたことで、深い共感が天皇と沖縄の人々の間には生まれたと思うのです。だからこそ、四〇年以上が経ってから、沖縄の新聞があらためてこの談話を取り上げたのだと……。

相互理解の根幹にあるのは、このとき現天皇が示したような、切り捨てられた人々の苦しみに対する共感であり、倫理観だと思います。「日本に謝罪ばかりを求めている」と言われることの多い韓国ですが、韓国人が求めているのは空虚な言葉ではありません。行動を伴《ともな》い、心を寄せていることがわかる言葉なのです。変わることのない言葉であれば、天皇と沖縄のように多少時間はかかったとしても敵意すら超えることができます。そうした姿勢は北東アジアをつなぐ一つの要素になります。憲法で「日本国民統合の象徴」と規定された天皇は、元々の資質もあるとは思いますが、その責任を果たす中で、何が人の心を結びつけていくのかを示したのだと思います。

佐藤　現天皇の沖縄への思いにはシンパシーを感じますが、私は、天皇の存在は沖縄をまとめ上げる表象にはなり得ないと思います。ただし、天皇の言葉に普遍性があるという事実に対して、沖縄の人々が共感を覚えることはあります。

前にも言いましたが、異なる人々を結ぶ根源的な力になり得るのは、民主主義の土台になり得る「人間主義」、万人を平等に価値あるものと見做《みな》す普遍的価値観だと思います。

金先生はカトリックですが、「カトリック」という言葉の本来の意味は「普遍的」ということですよね。あらゆる国、あらゆる民族に適用可能な価値観こそが「普遍的」なのであって、天皇家にだけ特別な価値を見出すという価値観では普遍的になり得ません。

だからこそ、「人間主義」が大切なんです。私がこの対談でずっと、「ヒューマニズム」という言葉を使わず、「人間主義」という言葉を用いているのは、両者は似て非なるものだと考えているからです。「ヒューマニズム」には「人間中心主義」という意味合いもあり、「人間は特別な存在だから、人間のために自然を利用してよいのだ」という傲慢《ごうまん》さを孕《はら》んでいます。そうした傲慢さが、現在の深刻な環境破壊を生んだのです。それに対して、私がここで言う「人間主義」は、自然を含むすべての生き物への慈《いつく》しみを根底に置いた「人間主義」です。そしてそれは、創価学会の池田名誉会長の「人間主義」を念頭に置いています。

そのような、「生命の尊厳」を重視する人間主義であってこそ、民族も体制もイデオロギーも異なる北東アジア各国を結ぶ紐帯《ちゅうたい》になり得る。どんな違いがあっても、「人間である」という共通項は必ずありますから、その最大の共通項に目を向けていく思想が人間主義なのです。

イデオロギーや民族の違いなど、差異にばかり目を向けたがために、二〇世紀は「戦争と革命の世紀」になってしまいました。それを経たいま、私たちは「同じ人間だ」という地点まで視野を広げなければ、もはや連帯できないくらい追い込まれているとも言えます。

ただし、その「人間主義」は、ありのままの人間を手放しで肯定する思想ではありません。同族同士で殺し合ったり、敵を大量虐殺《ぎゃくさつ》したりするのも人間ですから、ありのままの人間を全肯定するわけにはいきません。ある種の価値観との触発を経て、「他者を尊重する思想を持った人間」を肯定するのが、ここで言う「人間主義」なのです。

金　そのような「人間主義」による連帯こそが、迂遠《うえん》のように見えても、北東アジアに平和を構築していく鍵になり得るということですね。先ほどお話した、天皇が示した「共感」、あるいは「人間」「生命」「平和」「民主主義」といった言葉の総体が北東アジアをつないでいく可能性はあると感じています。繰り返しになりますが、そうした言葉が相手に届くように行動を伴い、それぞれの人生に沿ったものであることが説得力を生むのでしょう。

4章

北東アジアを結ぶ思想と民主主義

日本外交が犯した、いくつかのミス

金惠京　韓国の文在寅《ムンジェイン》大統領と北朝鮮の金正恩《キムジョンウン》朝鮮労働党委員長による「南北首脳会談」が、今年（二〇一八年）の四月と五月、ついに実現しましたね。とくに、五月に行われた南北首脳会談はトランプ大統領が急に米朝首脳会談を行わないと宣言したことから、金委員長が文大統領に会談開催を持ちかけたと聞きます。トランプ大統領の宣言は駆け引きの一環でしたが、それによって南北首脳の間に信頼関係が築かれていることがよくわかりました。

佐藤優　この対談が始まったのは今年の一月で、当時はまだ米朝戦争勃発《ぼっぱつ》が強く危惧《きぐ》されていた時期でした。でも、私たち二人はそのころから、「絶対に米朝戦争を起こしてはならない。そのためには、北朝鮮に対して圧力と制裁を強化する〝北風〟で臨《のぞ》むより、対話と妥協による〝太陽〟で臨むべきだ」と主張してきました。そのとおりの流れになってきましたね。

金　そうですね。北東アジアをめぐる時代の潮目《しおめ》が変わった印象があります。一切、効果がなかったと極論はしませんが、圧力と言葉の応酬《おうしゅう》は緊張を高めこそすれ、大きな成果をあげることはできませんでした。一方で、首脳会談を行ったことで各種の合意がなされ、ミサイル発射や核実験のリスクは大幅に減りました。国際社会において、「まずは何から手をつけるのか」という視角が変わったように思います。

佐藤　私が思うに、南北首脳会談に至った一連の流れの中で、日本政府はいくつか間違いをしました。

まず、トランプ大統領の出方を見誤ったことです。日本は「トランプ大統領と安倍総理には盤石な信頼関係がある。だから、北朝鮮問題について重大な決定をするときには、韓国ではなく日本と相談するだろう」と思い込んでいた。でも実際には、日本の頭越しにアメリカと韓国の間で話がどんどん進んでいたわけです。

アメリカが鉄鋼とアルミニウムに輸入関税をかけた問題でもそうです。日本政府は、「アメリカは、同盟国である日本を除外してくれるだろう」と思い込んでいました。それは安全保障上の理由ですが、日本の思い込みの理由はもう一つありました。アメリカのいまの鉄鋼産業には、自動車用の薄い鉄板を作れないのです。だから日本から輸入していきます。それに関税をかければアメリカの自動車産業にとってコストアップになるし、トランプにとって自動車産業復活は重要課題だから、鉄鋼に関税はかけられないだろうと日本は見ていたわけです。

ところが、トランプは日本にも関税をかけてきた。なぜそうしたかと言えば、彼は元々実業家で、「ディール（取引）の人」だからです。各国とのバランスシートを見て、日本に対しては貿易赤字だから、黒字にしなければいけない――そんな単純な発想で、プラグマティックに物事を進めていくのです。ましてや、「安倍総理とは友人だから手《て》心《ごころ》を加えてやろう」などという発想は、トランプにはありません。人間関係が政策に反映されるとはかぎらない。トランプのそういう性格を見誤ったことが、日本の大きなミスでした。

次に、これは金先生も前に言っておられたことですが、日本は文在寅政権の外交能力を過小評価していました。「文在寅政権は反米政権だから、トランプと人脈なんか作れるはずがない」と決めつけていたのです。

三月八日に韓国大統領府の鄭義溶《チョンウィヨン》国家安保室長がトランプと会ったあと、「米朝首脳会談が五月の終わりまでに行われる」と発表しましたね。私はあの発表を聞いたとき、「鄭室長とトランプ大統領は深い信頼関係を構築したな」とわかりました。なぜなら、外交常識ではあり得ない発表だったからです。北朝鮮とアメリカの首脳会談だから、アメリカと北朝鮮が発表するはずなんです。

金　史上初の米朝首脳会談という世界の注目を集める出来事なのに、これまでインパクトを重視する姿勢を見せてきたトランプ大統領が自ら口火を切らないというのは、不自然にすら映りますね。

佐藤　なぜ鄭室長が発表したかと言えば、おそらく、トランプが鄭室長に頼んだんですよ。米政府内にいる、米朝首脳会談に反対する勢力につぶされないように……。先に韓国側から発表してもらい、そのあとトランプ自らがツイートして、既成事実化して事を進めていったのです。そういうことが頼める信頼関係が、トランプと文政権の間にはすでにあったということ。これは韓国外交の大勝利です。

それでもまだ、日本政府は情勢を楽観視していました。首脳会談の内容については日本に相談してくれるだろう、と。ところが、トランプは訪中して習近平《しゅうきんぺい》と会い、北朝鮮への対応をめぐって話し合いました。要は、日本ではなく中国と相談したわけで、日本は蚊帳《かや》の外《そと》に置かれた。ここでも日本は見方を誤ったわけです。

もう一つ、南北首脳会談が行われたあとも、その結果を日本政府は過小評価しています。四月二七日の、文在寅と金正恩の一度目の会談で発表された「板門店宣言《パンムンジョム》」という共同宣言。その中には、「朝鮮戦争の終戦を二〇一八年内に目指し、停戦協定を平和協定に転換し、恒久的な平和構築に向けた南・北・米三者、または南・北・米・中四者会談の開催を積極的に推進すること」という項目がありました。

これまで、「朝鮮停戦協定に韓国の李承晩《イスンマン》が署名しなかったから、韓国は当事国ではない」とされてきました。それを、韓国を「プレイヤー」に加えるという転換をした。のみならず、日本とロシアを話し合いから外《はず》すことが決定されたということです。このことの重大さを、日本政府はまだ十分には理解していないようです。これも日本の大きな間違い。

いま挙げたミスを日本政府が挽回《ばんかい》するためには、日本が主導して東京で六者協議を開くことです。

六者協議は尻すぼみになってしまいましたが、完全に消滅したわけではなく、まだ枠組みは残っています。中国側も「六者協議は重要だ」と述べています。それに、六者の首脳会談は東京では一度も開催されていません。だから、東京に金正恩と文在寅とトランプと習近平とプーチンを呼んで、もちろん安倍総理も参加して、朝鮮半島の核の平和問題と経済復興と人道問題を包括的に協議する……そのような舞台を用意すべきなのです。一連の問題で蚊帳の外に置かれた日本は、そうやってイニシアチブ（主導権）を取り戻すべきなのです。

南北首脳会談という「新しい出発」

金　外交のプロから見た問題点を整理してくださって、勉強になりました。六カ国協議の重要性については、私自身も折に触れて主張してきましたが、それを一歩進めて東京開催まで想定されたのは流石《さすが》です。

では、私からも南北首脳会談の印象を話してみたいと思います。今回の首脳会談は、二〇〇〇年に行われた金大中《キムデジュン》と金正日《キムジョンイル》の会談、二〇〇七年に行われた盧武鉉《ノムヒョン》と金正日の会談に続く、第三回・第四回の南北首脳会談でした。第二回から一一年も間が空《あ》いたことを思えば、本当に久々の大きな前進だったと思います。

今回の会談について韓国側が掲げたキャッチフレーズは、「平和、新しい出発」というものでした。また、会談の席で金正恩が芳名録《ほうめいろく》に書いた言葉は、「平和の時代、歴史の出発点」というものでした。

そして、「板門店宣言」の正式名は、「韓半島の平和と繁栄、統一に向けた板門店宣言」でした。南北が共に「平和」というキーワードを掲げて対話をした、まさに歴史的な会談になったのです。

そのような平和に向けての前進を生み出した原動力は何かと考えると、韓国の場合には「北朝鮮との核戦争はどうしても避けたい」という強い思いだったと思います。朝鮮戦争を経験した世代がまだ健在ですし、韓国国民は戦争の悲しさ、恐ろしさを身にしみて理解し

5月26日に板門店で行われた南北首脳会談で、並んで歩く北朝鮮の金正恩委員長と韓国の文在寅大統領　AFP＝時事

ているのです。

また、かりに北朝鮮の体制が暴力的な形で崩壊したら、それは韓国の社会・経済も直撃し、大きな苦難を招きます。その意味でも、文大統領は平和の方向へ歩を踏み出す以外になかったのでしょう。

ドイツが東西に分裂していたころ、東ドイツと西ドイツの経済格差は三倍程度でした。それくらいの差でも、統一から三〇年近くを経た現在でさえ、ドイツに影響が残っています。一方、いまの韓国と北朝鮮の経済格差は、データによって違いますが、三〇倍から六〇倍にも上ると考えられています。この格差も大きな問題になっています。

一方、北朝鮮の場合には、各国からの経済制裁が相当なダメージとなって蓄積《ちくせき》していたことが方針を変更した要因の一つでしょう。そして、北朝鮮の人民の窮状《きゅうじょう》が危機的なレベルになっていることから、金正恩政権への不満の高まりも、水面下ではかなりあるように思います。そうしたことから、金正恩も平和の方向に舵を切らざるを得なかったのです。

そのように、「戦争の惨禍《さんか》への危機意識」と「分断の負担解消」という南北共通の思いがあり、それが首脳会談実現を後押《あとお》ししたのです。さらに、私は韓国人の一人として、

「自国民そして相手側の国民の生命を守る」という、同じ民族ゆえの意識が底流にはあったと感じています。

このように朝鮮半島が平和に向けて大きな一歩を記《しる》したいま、沖縄の人々に受け継がれてきた「命《ぬち》どぅ宝《たから》」の精神から学ぶべきことも多いように思います。

佐藤　「命どぅ宝」というのは、文字どおり「命こそ宝だ」という意味ですが、「生命の尊厳」を訴えた言葉として積極的に評価されるようになったのは、じつは戦後のことなんです。それ以前は、むしろ沖縄人の悪いところを象徴する言葉だったのです。

金　佐藤さんと対談されたことがある大田昌秀《おおたまさひで》元沖縄県知事も、著書『沖縄、基地なき島への道標』（集英社新書）の中で、そうした点について言及されていました。

佐藤　たとえば、「沖縄学の父」と呼ばれる伊波普猷《いはふゆう》という学者が書いた『古琉球』という本が岩波文庫に入っていますが、この本に収録された「沖縄人の最大欠点」という随筆の中で、伊波は次のように書いています。

「沖縄人の最大欠点は、恩を忘れやすいという事である。（中略）思うにこれは数百年来の境遇が然《しか》らしめたのであろう。沖縄においては古来主権者の更迭《こうてつ》が頻繁《ひんぱん》であったために、生存せんがためには一日も早く旧主人の恩を忘れて新主人の徳を頌《しょう》するのが気がきいているという事になったのである」

要は、〝権力者がしょっちゅう替わったから、生き延びるために、前の主人の恩を忘れて新しい主人に忠誠を尽くすことが習性になっていた〟と。「命どぅ宝」という言葉も、戦前まではもっぱらその文脈で使われていたのです。〝命こそ大切なんだから、それを守るためには、前の主人の恩なんてとっとと忘れたほうがいい〟と……。

日本人は『忠臣蔵』が大好きで、いまだに年末になると『忠臣蔵』のドラマをテレビでやったりしますが、沖縄では『忠臣蔵』はまったく人気がないんです。

金 ああ、なるほど。あれは死んだ主君に忠義を尽くして仇討《あだう》ちする話ですものね。

忠臣蔵と言えば、韓国でも似た話があります。『死六臣《サユクシン》』という一五世紀の話で、父の死によって幼くして王位についた端宗《タンジョン》には後見役であった叔父がいました。しかし、叔父に次第に権力が集まるようになり、叔父は王位を禅譲《ぜんじょう》される形をとって自ら世祖《セジョ》を名乗り、王位に即《つ》いてしまったのです。一方で、端宗は庶民の地位に落とされてしまいました。それを道義にもとると捉《とら》えた旧臣らは端宗の復位を願い、世祖を殺害しようとするのですが、計画が事前に漏れ、逆に中心となった六人をはじめ、多くの関係者が殺害されてしまうのです。

家臣の忠義を謳《うた》ったこの話は、その後も語り継がれて二〇〇七年には韓国の国営放送局であるＫＢＳが企画し、北朝鮮の朝鮮中央テレビが制作するという史上初の南北合作ドラマも放送されました。この作品は日本でもＤＶＤ化されています。そうした意味で、日本と韓国には主人の恩義に死を賭してでも報いる行為について共感するところはあるのですが、大国の間で微妙な舵取りを求められた沖縄にはそうした意識は育ちづらかったとも言えますね。

佐藤　そう。沖縄人のメンタリティからすると、なぜ『忠臣蔵』が感動的な美談なのか、理解できないのです。死んだ主君のために全員が命を捨てるなんて馬鹿げている、と。

まあ、そういう歴史的背景があって、戦前にはむしろ沖縄人の欠点を象徴する言葉だった「命どぅ宝」が、いまでは「世界に誇るべき沖縄の生命至上主義」として持ち上げられているというのも、興味深い話です。

もちろん、「命どぅ宝」は美しい言葉だと私も思いますし、生命尊重の伝統が沖縄にあることはたしかです。

金　「命どぅ宝」に対する戦前からの評価の変遷についておうかがいしていて、気づいたことがあるのですが、言葉は生き物のようなもので、社会の変化に伴って言葉の解釈も変わってきます。たとえば、イギリスのことわざで「A rolling stone gathers no moss.」――「転がる石に苔《こけ》生えず」というものがありますが、苔の持つ印象によって英米で解釈が異なります。イギリスでは苔は「美しくてよいもの」として受け止められますが、アメリカでは「汚くて悪いもの」として解釈されることが多いので、イギリスでは「じっくり腰を据えてがんばれ」という意味に、アメリカでは「絶えず動いて、新鮮な意識でいるべき」という意味になります。

同じように、元は否定的ニュアンスが内包されていた「命どぅ宝」という言葉も、多くの沖縄の人々が命を落とした沖縄戦の経験を経て、生命尊重の美しい言葉に生まれ変わったのだと思います。つまり、沖縄社会が変わることによって新たな意味合いを帯びたのです。

そのような、生命の尊厳を讃えた言葉としての「命どぅ宝」は、この対談のテーマである北東アジア全体を結ぶメッセージになり得るのではないかと思います。命の大切さ、平和の大切さは万国共通ですし、戦争の辛酸《しんさん》をなめた経験があれば、「命どぅ宝」のメッセージに共感しやすいはずです。

語り継がれる地上戦の記憶

金　ちょうど話に出ました沖縄と戦争の辛酸と言えば、第二次世界大戦中に日本で唯一の地上戦が行われた場所という事実があります。その記憶は、土地の人々によって、いまも語り継がれていますね。

同じように、韓国でも朝鮮戦争における地上戦の記憶が、当時を知る世代によって語り継がれています。私自身、亡くなった母方の祖母からよく聞かされました。私の著書『涙と花札』（新潮社）でも、祖母の戦争体験を書いたことがあります。

佐藤　あれはとてもいい本です。

金　ありがとうございます。当時、ソウルに住んでいた祖母には四人の子どもがいて、そのうちの一人が私の母でした。開戦当初の北朝鮮軍の勢いは凄《すさ》まじく、ソウルは四日でほぼ陥落《かんらく》してしまったため、祖母は子どもたちを連れてソウルから釜山《プサン》まで歩いて避難したのですが、その逃避行の中で、五歳くらいだった母がいちばんの負担になったそうです。上の男の子二人――母の兄――はもう小学生だったので、問題なく歩けました。

妹はまだ赤ん坊だったので、祖母がおんぶしました。でも、母はまだ歩くのが遅かったし、途中で疲れて何度も立ち止まったりしてしまった。

そのことで、祖母は幼い母をそこに置いていこうかと考えたそうです。悲しいけれど、自分たちが生き延びるためにはやむを得ない、と……。実際、そのときの逃避行で置き去りにされ、戦争孤児になった幼い子が韓国にはたくさんいたのです。

でもそのとき、母は祖母の着たチマチョゴリの裾《すそ》をギュッとつかんで、「どうしてもついていく」という意思をはっきりと示したそうです。ぎりぎりの土壇場で示された生命力と言いますか。それを感じ取った祖母は、「この子を置いていくなんて絶対にできない」と思い直したそうです。おかげで私がいま、こうして生きているわけです（笑）。

佐藤　私も母が沖縄戦を経験していますから、胸に迫ります。

金　そういう戦争体験が、韓国のどの家庭でも生々しく語り継がれてきました。だからこそ、「二度と戦争を起こしたくない」という市民感情は根強くあって、それが北との対話を推進する文大統領への高い支持の土台にもなっています。

地上戦の記憶が語り継がれている点とともに、米軍基地を抱《かか》えている点も、韓国と沖縄の共通項として挙げられます。私が生まれ育った首都のソウルにも、「龍山《ヨンサン》基地」というアメリカ陸軍の基地があります。基地は今年中にソウル近郊の京畿《キョンギ》道《ド》平澤《ピョンテク》に移転を終える予定ですが、韓国ではソウル中心部はもちろん、各地で駐留米軍の姿を見かけることはめずらしくありません。朝鮮戦争後、米兵や米軍基地があたりまえの存在になったことで多くの韓国人の中には、沖縄の人々への強い共感があるのです。

佐藤　沖縄の人々にも、朝鮮半島に対する共感があります。それは、地上戦の記憶や米軍基地の存在というだけにとどまりません。もっと古くからあるのです。いちばんの根っこは一七世紀です。

　前にも話しましたが、一六〇九年の薩摩《さつま》の琉球侵攻《りゅうきゅうしんこう》を招いた遠因は、豊臣秀吉から朝鮮侵攻の費用を負担せよと命じられたとき、琉球王国が拒否したことにありました。つまり、その当時から朝鮮半島に対するある種の仲間意識を持っていた。沖縄と朝鮮半島は、距離的にはかなり離れていますが、置かれた立場がわりと近かったからです。

　ただ、沖縄の人々の朝鮮半島に対する思いには、複雑な面があります。というのも、朝鮮戦争の時期には、沖縄の嘉手納《かでな》基地から米軍機が飛んでいったわけです。もちろん沖縄の人々が直接戦争に参加したわけではないですが、沖縄は朝鮮戦争による「朝鮮特需」で、経済的にかなり潤《うるお》いました。その意味で、ある種の加害意識を朝鮮に対して持っているのです。「自分たちは同じように戦争の犠牲者だ」という共感はあるけれど、それだけではないのです。

それと、韓国と沖縄を比べたとき、何が違うかというと、韓国は民族として自立するだけの人数がいるけれど、沖縄は一二〇万人ちょっとくらいだから、独立のネイションとなるにはサイズが小さいんですよ。さりとて、日本に同化するには大き過ぎる。そのように中途半端な位置にあるのが、沖縄のいちばん難しいところです。

ロシアにおける「平和」の位置づけ

金　少し視野を広げて、北東アジアと戦争について考えてみたいと思います。北東アジアの多くの国が、第二次世界大戦を中心として、二〇世紀に戦争の悲劇を経験しています。中国やロシアは戦争に勝った側ですが、それでも両国は、日中戦争およびヨーロッパ戦線で、敗戦国よりも多い一〇〇〇万人単位の犠牲者を出しています。

そう考えると、各国に残る「戦争の記憶」は、イデオロギーや民族、国境を超えて北東アジアを結ぶ力になり得る気がします。「戦争の惨禍への危機意識」が、韓国と北朝鮮を平和の方向に進めたことは、その可能性を示しているのではないでしょうか。命や平和の尊さは、感情の部分で各国がわかり合える要素だと思います。

そこで、佐藤さんのご専門のロシアについてうかがいたいのですが、ロシアにおける平和の位置づけは、韓国や日本、とくに沖縄における平和の位置づけと比べて、何か違いがありますか？

佐藤　ロシア語で「平和」は「ミール（мир）」と言います。これは「世界」を意味する言葉でもあるんです。また、「農村共同体」も同じ「ミール」という言葉で表します。つまり、ロシア人にとっての「平和」とは、「世界」とイコールであると同時に、「おらが村」を示す概念でもある。要は、ロシア人にとって非常に基本的な価値観念なんですね。

ロシアの建国神話は、ちょっと変わっているんですよ。「スラブ人（ロシア人の祖先）が自らを統治してくれる指導者を外部から求めて、ワリャーグ人（スカンジナビア人）の王を招いた」ということになっているんです。つまり、「統治というのは暴力を伴うから、われわれスラブ人（ロシア人）はそういうことをしたくない。だから、よそから王様を連れてきた」という神話なんです。この神話が象徴するように、本来、ロシア人は平和を愛する民族です。

ただ、ほかのスラブ民族と違って、モンゴルやタタールに支配された時代が長かった。そのため、ほかの民族に侵略されることに対する恐怖は、ロシア人の心の底に深くしみついています。潜在的に持っていたその恐怖心に、ナチス・ドイツによって約三〇〇〇万人ものロシア人が殺されたことによって、火がついてしまったんですね。

そこから、ロシア人は「大砲かバターか」（＝軍備と国民生活のどちらを優先するか？）という問いに対して大砲を選択するようになりました。「あんな戦争は二度とごめんだ。生活の水準が低くてもいいから軍備を盤石にして、絶対に戦争が起こらないようにしてくれ」という思いから、戦後のソ連は軍備拡張の道を選んだわけです。

その路線が変わってくるのは、一九七〇年代末から八〇年代末まで続いた、ソ連のアフガニスタン侵攻からですね。一〇年以上に及ぶ戦いで、ソ連側は一万四〇〇〇人もの戦死者を出した。ソ連にとって「大義なき戦争」だったこともあり、大きな傷跡を残しました。

ロシア人というのは、ナポレオン戦争やナチス・ドイツとの戦いのように、侵略されたときの防衛戦争にはめっぽう強い。ところが、自分たちが侵略する側になると、途端にすごく弱くなるんです。

金　おもしろいですね。それも、本来は「平和を愛する民族」だからかもしれませんね。本来、平和を愛していたのに、そうした行動に出てしまったことは、どこか日本を思わせます。日本の侵略は東アジアの混乱や朝鮮半島の分断を引き起こしましたが、ソ連侵攻後のアフガニスタンの歴史を見ると、タリバン政権の誕生やアルカイダの伸張、そして「9・11」同時多発テロにまでつながっていきます。日本やロシアの国民性から考えると、皮肉な結果です。

佐藤　そこから、現在のロシアについて考えてみましょう。ロシアはいま、基本的にはユーラシア空間から外に出ようとはしていません。侵略的ではないのです。

では、ロシアがいま、ウクライナにあれほど執着し、進出しているのはなぜか？　ロシア人にとって、ウクライナはバッファ（緩衝地帯）だからなんですよ。ウクライナは外国ではあるけれど、旧ソ連邦でもあるし、何か大事があったときにはロシア軍がいつでも展開できる。そういうバッファを作っておかないと、ロシア人は不安で仕方ない。そういうロシアの国境観は、ほかの国とは異質なものです。かつて平原を渡ってロシアを侵略してきた騎馬民族に植えつけられた恐怖が、いまもロシア人の潜在意識の中に残っているからかもしれません。

かつての東欧の社会主義国――東ドイツやポーランドについて考えてみても、ソ連邦に加盟させることもできたのに、そうはしなかった。形式的ではあっても複数政党制があり、教会についての政策も緩やかで、部分的には家族経営も認められていた。なぜそうしたかと言えば、東欧の社会主義国もまた、ソ連にとってバッファだったからです。ソ連と西側が直接接しないためのバッファです。そのバッファがないと軍事衝突が起きやすいから、ソ連にとっては不安だったのでしょう。

金　ロシア人とバッファと聞くと、韓国人なので日露戦争を思い出してしまいます。あれは日本とロシアが互いにバッファとして朝鮮半島を取り合う戦争でした。その意味で、ウクライナの人々の気持ちや、クリミアの人々の判断も理解できる気がします。

一方で、日本がかつて朝鮮半島や満州を「生命線」と考え、現地に軍事力を必死に注入していたように、いまのロシアはそのバッファを越えて入ってこられることを、極度に恐れているわけですね。

佐藤　そうです。その意味で私がいますごく懸念しているのは、つい先日、ロシアが開発を公表した新しい巡航ミサイルの存在です。アメリカの巡航ミサイルがいま時速九〇〇キロであるのに対し、ロシアの新ミサイル「キンジャール」はマッハ一〇——つまり時速一万二〇〇〇キロ。桁違《けたちが》いの速さです。核弾頭搭載可能で、飛行機から発射できます。

これが何を意味するかというと、アメリカのミサイル防衛システムでは「キンジャール」を迎撃できないということです。飛行機から発射されるミサイルは軌道計算もできないし、マッハ一〇という速さで飛んできたら、撃ち落とすことは不可能です。

ということは、それに対抗してアメリカもそれ以上の攻撃兵器の開発を始めることが考えられます。新たな軍拡《ぐんかく》競争の始まりになりかねません。

金　全人類を何度も死滅させるほどの冷戦時代の無軌道な核開発を思うと、新たな軍拡競争が始まったならば、その負担は同盟国全体に負わされることになるのでしょうね。そして、万が一、その引き金が引かれたときには、これまで経験したことのない悲惨な光景が世界中に広がってしまう……。

佐藤　だからこそ、いま世界に核廃絶への流れを作らないといけないのです。これから再開するであろう六者協議も、危険な核兵器開発競争に歯止めをかけるものにしないといけない。

「二重の戦後処理」を同時に行う

金　私は、今回の歴史的な南北首脳会談と米朝首脳会談が、「平和と民主主義が目指すべきものは何なのか？」という、根源的な問い直しに結びつくといいと考えています。そして、その答えはやはり、「命」と「平和」を共通認識とする連携を拡大していくことだと思います。そのために何よりも必要なのは、やはり対話です。

これまで国際的な場でも、各国の議会でも、対話は「決められない手法」と捉えられることが多く、そうした認識が独裁や強権的な手法をとる政治家への支持を生んできました。しかし、対話こそが民主主義の基本であり、議論を通じてこそ切り捨てられがちな声を組み込んだ方策が打ち出せます。これまでもたびたび述べてきたように、人々が望んでいるのは平和であり、命が危機に晒《さら》されないことです。民主的に選ばれたリーダーはいたずらに戦争や敵意を煽るのではなく、そうした市民の願いをどう実現できるのかを求め続けるべきです。ある意味、そうしたリーダー同士の対話を後押しする流れを作ることが、民主主義を支えていくことになるのだと私は思います。

佐藤　同感です。いま金先生が言われたことは、じつはＳＧＩの池田会長の思想と非常に近いんです。池田会長を平和行動家として捉《とら》えた場合、その大きな特長は「対話の重視」です。たとえば、池田会長の小説『新・人間革命』第五巻「開道」の章には、次のような一節があります。

「東西冷戦の氷の壁をとかすために、私がやろうとしているのは『対話』だよ。西側の首脳とも、東側の首脳とも、一人の人間として、真剣に語り合うことだ。どんな指導者であれ、また、強大な権力者であれ、人間は人間なんだよ。

権力者だと思うから話がややこしくなる。みんな同じ人間じゃないか。そして、人間である限り、誰でも、必ず平和を願う心があるはずだ。その心に、語りかけ、呼び覚ましていくことだよ。

東西両陣営が互いに敵視し合い、核軍拡競争を繰り広げているのはなぜか。

一言でいえば、相互不信に陥《おちい》っているからだ。これを相互理解に変えていく。そのためには、対話の道を開き、人と人とを結んでいくことが不可欠になる」

これは冷戦時代の、若き日の池田会長の言葉です。当時はまだ、「各国の首脳が会って対話したからといって、それで何かが急に変わるわけではない」というシニカルな見方が世の主流だったと思います。金先生が言われたとおり、対話は「決められない手法」と見做《みな》されてきたのです。それに対して、池田会長は当時から一貫して「対話こそ平和の礎《いしずえ》」と捉え、対話を重視してきました。今回、南北首脳会談で潮目が変わったことは、池田会長の「対話の重視」という姿勢が正しかったことも示しているのです。

金　私も、「対話こそ平和の礎」と確信しています。南北首脳会談から米朝首脳会談への流れがもっと加速して、今後は六カ国協議はもちろんですが、北東アジア各国の首脳会談が「定例化」していくことを期待したいと思います。そのためにはまず、対立や緊張の発火点となっている北朝鮮を中心として、「平和条約・不可侵条約の拡大」がなされていく必要があります。

アメリカで「9・11」テロ後、「テロとの戦い」を打ち出したブッシュ大統領の支持率が急上昇しましたね。その例に見るように、戦いによる支持率の上昇は急激で派手です。しかし、それはいつも一過性で、長続きしません。一方、平和による支持率の上昇は、緩やかで地味です。でも、長続きするのは平和による上昇のほうだと思います。これからの政治リーダーは、対話による平和推進によって支持率上昇を目指すべきでしょう。「平和を進めて対話を続ける姿勢が政権の安定につながる」――そのような認識へのシフトが必要なのです。対話と平和を基盤とした政策が成果を出し、国際的な市民の連携を志向する国の姿勢を支持し、市民は折に触れ政治に対して提言を欠かさない……そういう好循環のサイクルを作っていくことこそが、これからの北東アジアの安定に求められているのです。

佐藤　全面的に賛成です。私は、いま朝鮮半島で起きていることは、「三重の戦後処理」だと思います。つまり、第二次世界大戦の戦後処理であり、朝鮮戦争の戦後処理でもあり、東西冷戦の戦後処理でもある。「三重の戦後処理」を、いま同時に進めているわけです。そのように複雑な内実を孕《はら》んでいるからこそ、二国間の安全保障メカニズムだけでは不十分で、多国間の集団安全保障メカニズムが、今後の北東アジアには必要になります。

金　北東アジアをつなぐということについては、北朝鮮問題に端を発して近年、必要性が高まっていますが、第二次世界大戦や朝鮮戦争から現在にかけて七〇年ほどの間、要請され続けていたものと見ることができますね。

佐藤　一九六九年に、ソ連が「アジア集団安全保障構想」というものを打ち出したことがあります。これはソ連のプロパガンダで、具体化には至りませんでした。しかし、当時と違っていまは、アジアにおける集団安全保障構想の基盤が整いつつあります。六者協議は、そのベースになり得ます。つまり、日本、韓国、北朝鮮、米国、中国、ロシアがまずは互いに戦争をしないという確固たる枠組みを作るのです。この枠組みの中において、互いの領土主張は行っても、「力による国境の変更はしない」という線なら合意は十分可能だと思います。

そのようにして、北東アジアにおける戦争のリスクを下げていくことが大切です。何しろ、北朝鮮が昨年（二〇一七年）九月に行った核実験一つとっても、爆発規模は一六〇キロトンに及んだのです。一六〇キロトンの核爆弾を、かりに東京タワーの上で爆発させたら、三〇〇万人が死にます。そのことの恐ろしさを過小評価すべきではありません。

だから、まず北東アジア地域を非核化していく……それは、被爆国である日本こそが強く主張していかないといけないことです。

もちろん、現実の外交は核抑止力に大きく依存しているから、すぐに核兵器を完全になくすことはできません。それでも、究極の目標としての核廃絶は、日本政府としてももっと高く掲げるべきです。日本政府が「核廃絶のための六者協議」を提唱したら、どの国も建前上反対はできないでしょう。だからこそ、日本がイニシアチブをとるべきなのです。

金　「核廃絶のための六カ国協議」との構想、すばらしいと思います。二〇一七年の核兵器禁止条約の採択決議で被爆国である日本が不参加となったことは、国際的な失望を呼びました。

たしかに、外交の現実という問題もあります。しかし、同じく不参加だったアメリカ、ロシア、中国という核保有国、そして北朝鮮に対して、日本が核廃絶の意思をもって六カ国協議のイニシアチブをとれば、世界の失望は一転、希望に変わります。それこそ、日本が北東アジアでいま果たすべき役割ですね。

佐藤　そうです。何しろ、アメリカのトランプ大統領があれほど不安定で、何をやり出すかわからないという怖さがありますからね。「日米同盟さえあれば、日本の平和は盤石です」などとは、これから言えなくなる可能性があります。

初の米朝首脳会談で見えた道筋

金　今年（二〇一八年）六月一二日、歴史的な初の米朝首脳会談――アメリカのトランプ大統領と北朝鮮の金正恩朝鮮労働党委員長の会談――が、シンガポールで開催されました。その中身と、そこから見えてきた今後の道筋について、語り合ってみたいと思います。

この首脳会談については、「結局、具体的な成果は何もなかった」という否定的な見方もあります。でも、私は肯定的に捉えたいと思いました。

会談場所のシンガポールに置かれた韓国のプレスセンターには、「板門店宣言」で使われた「平和、新たな出発」という言葉が大書されていました。共同声明の合意事項にも、「平和」という言葉が二度にわたって登場しています。つまり、韓国は

6月12日、シンガポールで行われた初の米朝首脳会談で、握手するトランプ米大統領と金正恩委員長　朝鮮通信＝時事

南北首脳会談と米朝首脳会談を一連の流れの中に位置づけているのです。

また、共同声明には、「トランプ大統領は朝鮮民主主義人民共和国に安全の保証を与えると約束し、金正恩委員長は朝鮮半島の完全な非核化に向けた断固とした揺るぎない決意を確認した」「新たな米朝関係の発展と、朝鮮半島と世界の平和、繁栄、安全のために協力することを約束した」というふうに、非常に前向きな言葉が並んでいます。「朝鮮戦争の捕虜《ほりょ》・行方不明兵の遺骨《いこつ》回収、すでに身元が判明している遺体の帰還に取り組む」という合意事項もあり、非核化のみならず、将来的な統一を見据えた言葉もありました。とくに、戦争捕虜・行方不明者の遺骨送還は、平和条約への布石なのではないかと感じました。

佐藤　そうですね。おそらく北朝鮮側は、返還する遺骨の準備がすでにできていた。ということは、その返還を契機として、平和条約のプロセスもかなり早くなることがあり得ます。

金　私は、今回の米朝首脳会談は、「最後の冷戦が終わる契機」と評価すべきだと思います。

佐藤　おっしゃるとおりです。東西冷戦構造が、まだ北東アジアには残っている。朝鮮戦争の終結は、東西冷戦構造の完全終結も意味することになりますね。

金　それから、トランプ大統領が突然、「非核化の費用は日韓が支援するだろう」という発言をしたことについて、日本のみなさんの間では反発も大きいようです。でも私は、これは日本と韓国にとって大きなチャンスでもあると思います。

もちろん、アメリカにとっても北朝鮮の非核化は重要です。しかし、日本と韓国はすでに北朝鮮のミサイル射程内に入っていますから、両国こそ北朝鮮の非核化を最も切実に望んでいると言えます。だからこそ、非核化の費用を負担することは、日韓が非核化協議の枠組みに入るチャンスと捉えるべきなのです。

とくに日本の場合、安倍総理と金正恩はいまだ首脳会談を行っておらず、六カ国協議の国々のうち、一国だけ出遅れている印象があります。「板門店宣言」でも、日本は蚊帳の外に置かれた経緯があります。トランプ大統領らしい「瓢箪《ひょうたん》から駒《こま》」の状況をあえて前向きに生かせば、日本が非核化と平和への枠組みに入る好機になると思うのです。

佐藤さんは、今回の米朝首脳会談が北東アジアにとってどのような意味を持つとお考えですか？

佐藤　非常に大きな意味を持つと思います。少し長くなりますが、北朝鮮政府が事実上運営しているウェブサイト「ネナラ（Naenara）」が会談を総括する文章を載せているので、それに沿ってポイントを見ていきましょう。

金　「ネナラ」は朝鮮語で「わが国」という意味ですね。韓国も南北首脳会談に際して公式サイトを開設しましたが、そこには日本語ページが用意されています。隣国であり、影響力もある日本を南北が常に意識していることをわかってもらえるとよいのですが。

佐藤　そう思います。ところで、ウェブサイト「ネナラ」は日本語で読めますし、日本人が北朝鮮について知る情報源として非常に有益です。意外に知らない人が多いようですが、おすすめです。

まず、「ネナラ」では米朝首脳会談について、「包括的で深みのある、かつ率直な意見を交換した」と書いています。「率直な意見を交換」というのは、「意見の対立も相当あった」という意味です。北朝鮮の報道は、基本的に東西冷戦時代の東側の書き方ですから、あの時代のソ連の公式文書を読むのと同じような「解釈」が必要になるのです。

次のポイントは、「トランプ大統領は朝鮮民主主義人民共和国に安全保障を提供する事を確言し……」という部分と、それに続く「金正恩委員長は朝鮮半島の完全な非核化に対する確固不動の意志を再確認した」という部分が非対称になっているということです。つまり、トランプの側は「確言」――約束したのに対し、金正恩の側は「意志を再確認」ですから、約束ではない。「非核化に向けてがんばります」という意思の表明でしかないのです。つまり、トランプが「約束ではなく、意思表明でいいよ」と、金正恩に対して譲歩《じょうほ》したわけです。これはトランプの偉大な政治決断です。トランプが今回選択した交渉術は、「譲れるところは全部譲り、ぎりぎりまで譲歩する」ということです。これは、交渉術としては悪くない。

トランプの譲歩の姿勢は、次のような箇所にも読み取れます。

「金正恩委員長とトランプ大統領は、新たな朝米関係の樹立が朝鮮半島と世界の平和と繁栄に寄与するものと確信し、相互の信頼構築が朝鮮半島の非核化を促すものと認めて、次のように声明する」

これは「出口論」です。どういうことかというと、北朝鮮の非核化は、アメリカとの信頼関係が進んだ結果、その出口として出てくるよ、ということです。アメリカは従来「入口論」でした。つまり、「最初の入口で非核化をしない限り、北朝鮮の安全は保障しないよ」という姿勢だったのです。それに対して、北朝鮮は最初から「出口論」でした。トランプは今回、入口論から出口論に転換する形で金正恩に譲歩したのです。

金　入口論を進めるためには、事前に強硬な圧力が必要になります。北朝鮮が無抵抗に要求を飲めばよいのですが、これまでの経緯や独裁国家としての面子《めんつ》を考えれば、暴発の危険を伴う賭けです。一方、まずは対話から入る出口論であれば、大幅に危険は回避できます。外交上の微妙な舵取りは求められますが、韓国や日本の何百万人という犠牲を秤《はかり》にかければ、水爆を保有する国同士の交渉は出口論で進めるほうが現実的であり、賢明ですね。

佐藤　次に、合意項目を具体的に見ていきましょう。

「朝鮮民主主義人民共和国とアメリカ合衆国は、朝鮮半島において恒久的かつ強固な平和体制を構築するために共に努力するであろう」

この項目について、「トランプが目指す朝鮮戦争の終結ができなかったのだから、成果ゼロだ」と評している論者もいます。しかし、朝鮮戦争終結のためにはクリアしないといけない問題がたくさんあるわけで、この時点においては、「平和体制を構築」という言葉にするのが精いっぱいだったと思います。

それから、次の合意項目。

「朝鮮民主主義人民共和国は、二〇一八年四月二七日に採択された板門店宣言を再確認し、朝鮮半島の完全な非核化に向けて努力することを確約した」

ここであえて「板門店宣言を再確認」という言葉を入れたのは、韓国に対する配慮です。つまり、「今後の朝鮮半島の平和情勢を作っていくにあたっては、アメリカと北朝鮮だけではなく、韓国も重要なパートナーですよ」ということが示されたのです。これは韓国外交の勝利と言えるでしょう。言い換えれば、韓国をきちんと入れる形でなければ朝鮮戦争の終結はできないという、トランプのリアリズムです。

金　トランプと金正恩が通訳だけを連れて単独会談したその中身については、具体的には明らかになっていないわけですが、佐藤さんはどう分析されていますか。

佐藤　それについても、同じく会談翌日の「ネナラ」の記事を読めば、推測できます。「朝米両首脳は、数十年間持続してきた敵対的な朝米関係に終止符を打ち、朝鮮半島に平和と安定が訪れるようにするうえで重要な意義を持つ実践的問題について率直な意見を交わした」とあります。

これは明らかに、平和協定について話しているということです。単独会談は三六分間でした。通訳が入るから、実質はその半分で一八分。一人につきたった九分しかない、ごく短時間です。その間に平和協定について話したということは、内容は事務方で全部煮詰めてあって、それを確認し合っただけでしょう。ということは、準備がよくできていたのです。

また、次のような一節もありました。

「時日内に、今回の会談で討議された問題と共同声明を履行していくための実践的措置を積極的に講じていくことについて述べた」

これは、目標に向けたロードマップ（行程表）を作るということです。

それから、次の一節も興味深い。

「アメリカ合衆国の大統領はこれに理解を表し、朝米間に善意の対話が行われる間、朝鮮側が挑発と見なす米国・南朝鮮合同軍事演習を中止し、朝鮮民主主義人民共和国に対する安全保証を提供し、対話と協商を通じた関係改善が進捗されるにともなって対朝鮮制裁を解除することができるという意向を表明した」

これは、〝「当面、米韓合同軍事演習はやめます」「アメリカは北朝鮮を軍事攻撃しません」ということが保証されれば、北朝鮮に対する経済制裁は続いても構いませんよ〟と、金正恩側が譲歩した部分です。

それから、次の一節も重要です。

「金正恩委員長は、米国側が朝米関係改善のための真の信頼構築措置を講じていくなら、われわれも引き続きそれ相応の次の段階の追加的な善意の措置を講じていくことができるという立場を明らかにした」

この「追加的」という言葉は、「北朝鮮の非核化は段階的だ」ということを示しています。すなわち、〝この先はＩＣＢＭはなくすし、追加的な核兵器は作らないけれども、日本を射程とする短・中距離の弾道ミサイルは残すし、核爆弾自体も残す〟という意味です。

金　トランプ政権としては、この秋に行われる中間選挙や二〇二〇年の二期目の継続が問われる大統領選挙に向けて国民にアピールすることが主目的なので、そうした方向でまとまれば問題ないわけですね。しかし、それでは日韓両国にとって北朝鮮の核が懸案《けんあん》であり続けてしまいます。やはり先に述べたように、日韓両国は非核化の交渉枠組みに入らなければならない……。とはいえ、こうした分析を聞いていると、外交には「外交上の文法」があることがわかります。その言葉に込められた真意がわからなければ、文章が母語であっても重要な部分を読み過ごしてしまいます。佐藤さんの目をとおして見ると、「ネナラ」の一つの記事の意味合いが何倍にも増しますね。

佐藤　ソ連時代にはこういう文書の解読ばかりしていましたから。私が取り上げた「ネナラ」の米朝首脳会談についての記事はこの二本だけですが、これを詳しく見ていくだけで、日本のマスコミ報道よりもずっとよくわかります。

要は、今回の米朝首脳会談では、双方が譲歩しているけれど、アメリカ側の譲歩のほうが大きい。そのことによって当面、朝鮮半島の戦争は避けることができた。そして、非核化は段階的に進む……ということです。「具体的な成果が何もなかった」と言っている人は、よくわかっていないと思う。北東アジアの平和にとって、非常に大きな一歩ですよ。

金　そうですね。私も希望に満ちたすばらしい会談だったと思います。

私の周囲でいちばん喜んでいたのは、幼いころに朝鮮戦争の惨禍を経験している母でした。母は、「自分が生きている間に、こういう希望に満ちた会談を見られて、とてもうれしい」と言っていました。

今回、トランプ大統領が示した姿勢は、彼なりの「太陽政策」だったと感じます。

金大中が韓国大統領になって北朝鮮に対する太陽政策を進める際、国民を説得するために使ったロジック（論理）は、「平和が進めば軍事費は減る」ということでした。理想を求めつつ、そこに現実的なエッセンスを加えるというのはさまざまな経験を有する金大中らしいやり方です。一方、トランプも実業家出身だからこそ、経済的利益とコスト面を重視しているところがありますね。戦争の脅威と経済的利益を天秤《てんびん》にかけて、冷徹に経済的利益を選ぶ。韓米合同軍事演習をやめたのも、それに費やされる巨額の費用を嫌った面があると思います。トランプのそうした資質が、結果的に北東アジアの平和に貢献しています。

佐藤　そのとおりだと思います。トランプの考え方は合理的です。なぜ米韓軍事合同演習をやるかと言えば、北朝鮮の核の脅威があるからですよね。その核の脅威が当面、凍結されたわけですから、その間は演習も行わないことが合理的なのです。

それに対して、日本の一部の論者は、「北朝鮮が国連安保理決議に違反する核開発を行っているのだから、国際法上は合法的な軍事演習をやめる必要はない」などと言っている。それはあまりに法的な見方に偏《かたよ》っていて、政治的ダイナミズムがわかっていない人だと思います。国際法で軍事演習をやめることが禁止されているわけじゃないし、「やらないといけない」と義務づけられているわけでもない。必要ないと思ったらやめていいんですよ。

新たな六者協議の枠組みと日本

金　次に、今後の六カ国協議の枠組みや動機といった点について、話を進めたいと思います。

かつての六カ国協議は、北朝鮮の核問題のみで集まったわけですが、今後は北朝鮮を中心とした核問題と、非核化に向けての道筋、さらに各国の北朝鮮に対する経済支援などについても扱う総合的なものにしたほうがよいと思います。単に北朝鮮の核について協議する枠組みであれば、事態が停滞した際に各国のモチベーションが下がり、協議の継続が難しくなります。そうした以前の反省を踏まえるべきです。

ここで検討すべきは、経済的な利益の追求です。理想を実現させるために経済の旨味《うまみ》を持ち出すという金大中式の発想ですね。そのような新たな六カ国協議を通じて、北東アジアの平和を構築するとともに国際的な核廃棄の流れを主導し、各国が経済的にも相互のつながりを深めていく契機となれば、だれにも損はありません。

あまり知られていませんが、朴槿恵《パククネ》前大統領の時代に、「ユーラシア・イニシアチブ」という構想がありました。シベリア鉄道と韓国をつないで、ユーラシア大陸を横断する物流ネットワークやエネルギー・ネットワークを作り、ユーラシア全体の経済発展を目指すという壮大な構想でしたが、具体的な成果が得られないまま尻すぼみになってしまいました。続けざまに実現した南北首脳会談と米朝首脳会談は、北東アジア全体を活性化させる経済ネットワークの構築を目指す契機にもなり得ると思います（対談終了後の六月二二日、文大統領とプーチン大統領は鉄道連結に関する共同研究を続けることで合意）。

かつての韓国は、日本とシベリア鉄道争奪《そうだつ》をしているようなイメージで事態を捉えていましたが、むしろこれからは、日本の東北新幹線と山形新幹線のような「並列方式」でシベリア鉄道とつながるやり方があってもいいと思うのです。

中国には、北朝鮮のレアメタルの利権を確保し、今後の精密機器製造に弾みをつけたいという思惑があります。そのために、韓国との路線連結への期待を持っています。

また、ロシアはすでに北朝鮮との深い経済関係を持っていて、二〇一三年には韓国との間にビザ免除協定を締結しています。

アメリカも、ニューヨークでポンペオ米国務長官と北朝鮮の金英哲《キムヨンチョル》労働党副委員長が会見しました。（二〇一八年五月三〇日）その席で、ポンペオは北朝鮮の非核化実行後の経済支援を提示したのではないかと推察されています。

そうした中、日本がいちばん出遅れてしまっていますが、今後、日本が新たな六カ国協議の枠組みを主導すれば、その流れが変えられるのではないかと思います。

そのためには何より、経済発展の旨味が核に勝ること、人民に富と情報を与えたほうが北朝鮮は安定するということを、金正恩によく理解させなければいけません。

佐藤 新たな六者協議のイニシアチブを日本がとるために、大きなネックになりかねないのは拉致《らち》問題ですね。アメリカが北朝鮮非核化に関して「入口論」から「出口論」にシフトした以上、日本も拉致問題に対する姿勢を「出口論」にシフトする必要があると思う。つまり、「拉致問題が完全解決しないかぎり、国交は結べない」という姿勢をやめて、北朝鮮との相互信頼関係を深めていく中で、出口に拉致問題解決を置くという方向です。それは迂遠《うえん》なように見えて、じつは拉致問題解決の近道でもあると思います。

それから、日本人の有識者の中には、昨年来、「米朝戦争待望論」みたいなものを唱えていた人たちが、少なからずいました。「アメリカが北朝鮮を軍事攻撃するXデーはいつか?」みたいないいかげんな話を垂れ流していた連中です。もしも現実に米朝戦争になったら百万人単位で人が死ぬわけだし、日本も当事国になって北朝鮮に攻撃されていたはずです。にもかかわらず、無責任に戦争を煽っていた人たちは、猛省してほしいですね。

裏返せば、「米朝戦争待望論」を唱えていた人たちは、トランプや金正恩がいまのような動きをすることをまったく予想できなかったわけです。かりにも有識者と呼ばれる人たちのそのような目の曇りは、恐ろしい話ですよ。「戦争のリアリティ」が薄れているのです。

独裁から民主主義への回帰

金　平和の基盤として対話があることが北朝鮮をめぐる動きで明らかになりました。そうした中で、政治の分野においても対話が中心に置かれる民主主義の重要性にあらためて光が当てられるべきだと思います。しかし、民主主義を適正に保つためには学びとチェックが不可欠ですから、適切に政治を行おうとすると、とかく手間ひまがかかります。また、民主主義は議論を経る中で互いの対立を超えて、納得できる方針を探る手法でもあるため、「なかなか決められない政治」に陥《おちい》りがちです。一方、独裁は独裁者の一存で物事が進みますし、チェックも不要なので楽《らく》な面もあります。究極の「決められる政治」とも言えます。

近年、そうした「決められる政治」が求められる背景には、テロや凶悪事件、移民・難民問題などへの過剰な危機意識によって、人々が政治家の強硬な対応を支持してきたということがあります。しかし、そうした脅威《きょうい》は独裁性の強い政治家が導きやすい戦争や社会の分断に比べて、相対的に見れば危険性が高くないという側面があります。一例を挙げれば、テロの脅威に対抗しようとして監視社会化が進めば、プライバシーや人権といった民主社会の根幹が崩れてしまう構造が代表的なものです。

私は本末転倒とも言える近年の状況に対して危機感を募《つの》らせてきたのですが、南北首脳会談から米朝首脳会談へという流れの中で、「独裁から民主主義への回帰」という方向性が見えてきました。市民が根源的に求めているものを、政治が選択するようになったのです。

たとえば、南北首脳会談についての各国市民の反応を見てみると、多くの人々は会談を支持しています。韓国の場合、今年（二〇一八年）二月の「韓国社会世論研究所」の調査では、七七・四パーセントが北朝鮮との首脳会談を支持していました。

アメリカでは、五月の「CNNテレビ」の調査で、アメリカ国民の七七パーセントが米朝首脳会談を支持すると答えています。

日本でも、四月の時事通信社の調査では、七〇・二パーセントが日朝首脳会談を支持していました。そして、自民党支持者にかぎっては、「支持する」と回答した人は七四・八パーセントに上っていました。そうした意識から見えてくるのは、政治家やメディアが煽る対立よりも、核によって自らの生命が危うくさせられた市民の恐怖が、一連の首脳会談へと政治を向かわせたという事実です。言い換えれば、「人々が求めるものは何よりも平和であり、それを導く対話である」ということです。

しかし、残念ながら民主主義は、平和の方向にも独裁の方向にも、大きく振れます。そうした中で、北東アジアの民主主義を平和の方向に進めていくために、佐藤さんは何が必要だと思いますか?

佐藤　民主主義が難しいのは、「何をもって民意とするか?」について、一義的な考え方が存在しないからです。たとえば、いま国名に民主主義がついているのは、朝鮮民主主義人民共和国とコンゴ民主共和国だけです。しかし、いずれの国も、いわゆる欧米型の民主主義国とは異なります。そのことにも、「民主主義の難しさ」が端的に表れています。

一方、日本は世界中から民主主義国として認められています。しかし、日本で民主主義が本当に尊重されているかと言えば、必ずしもそうとは言えない面があります。たとえば、米軍基地をめぐる沖縄への過重負担です。日本の〇・六パーセントの面積しかない沖縄に七〇パーセントの米軍専用施設が集中していることについて、国民投票でその是非を問うたとしたら、どうなるでしょう？　沖縄県の人口は日本全体の一パーセント強にすぎませんから、間違いなく、「沖縄の米軍基地は現状でかまわない」という結果になるでしょう。では、その結果は果たして民主主義的なのか？　それとも民主主義の理想から大きく外れているのか？　これは非常に難しい問題で、簡単に答えは出ないでしょう。

また、「いまの北朝鮮の体制は民主的でない」と、大多数の日本人が考えているでしょう。北朝鮮の人権問題についての批判と干渉は、当然あっていい。しかし、軍事力を用いた国境線の変更だけは、絶対にしてはいけません。そこのところの線引きだけはしっかりしたうえで、あとは民衆の英知に委《ゆだ》ねるしかないと思う。国際社会において、長年の慣行で成立してきた国家主権には、やはり重いものがあるからです。

金正恩のような独裁者であっても、自国の民衆の見解を完全に無視することはできません。だからこそ、欧米的な価値観を押しつけるのではなく、北朝鮮の民衆の英知に期待したほうがいい。

南北統一に向けた動きの中で

金　本来、民主主義は多数決だけを重視するものではなく、議論を吸い上げるものでなければならないと思います。それは、北朝鮮にとっても同じことで、多数派か少数派かではなく、そこにどのような論点があり、市民がよりよく生きるために何が求められるのかが詳《つまび》らかにされなければなりません。そうした意味で、朝鮮半島に生きる人々が望む将来の南北統一に向けた動きも、今後盛んになっていくはずです。その動きが北東アジア地域に与える影響も、さまざまな面で大きいと思います。

たとえば、朝鮮半島と中国とロシアが地理的につながる。そして、「日朝国交正常化」などもあって、人々の交流が促進され、地域関係が深化していく……。そうした激しい変化が予想される中で、人々の声を切り捨てることなく生かすための基本となることは何かと考えると、私は三つ挙げられると思っています。

第一に、「政治が市民の平和や対話を望む声を意識する構造」。第二に、「人々が政治について学ぶ意識の向上」。第三に、「他者の痛みを思いやるための国内外のネットワークの広がり」――この三つです。そして、ネットワークの基盤となるのは、平和を求める市民の意識を反映した「命どぅ宝」の精神です。

この百年の北東アジアの歴史を振り返ってみると、そこで暮らす市民が常に戦争と核の脅威に晒《さら》されてきたことがわかります。加えて、冷戦構造がいまだに残っている影響で、多くの軍事的負担が人々から生活の喜びを奪っています。朝鮮半島の若者が同じ民族に対抗するために、徴兵の負担を背負わされていることはその象徴的な事例です。また、そうした仮想敵国への危機意識を背景として、各国の政治家は市民のさまざまな声を封じてもきました。

その歴史が教訓として残しているものこそ、「市民は常に平和を願っている」という事実です。戦争や核によって平和がもたらされていると為政者は時に言いますが、その思考によって北東アジアの人々は常に危機に晒されてきました。そうした市民に共有されている平和への思いを政治に反映しようとするなら、民主主義という手法をとるよりほかありません。しかし、安易な道へ流されてしまいがちな民主主義には、理念を伴う必要があります。その理念こそが、戦火の中で輝きを増した「命どぅ宝」というメッセージだと私は思います。

ただ残念ながら、単に民主主義を制度化し、命や平和の重要性を認識するだけでは政治は変わりません。そうした政治を実現できる政治家を選挙で選ぶために、市民一人ひとりが常に学び続けなければならないのです。平和を願い、そのために対話の道を常に模索する政治家を選ばなければなりません。そうした覚悟と意識が北東アジアに共有されたとき、この地域から世界へ「平和」や「核廃棄」といったメッセージを送ることができるはずです。私はそうした日を願い、今後も発信を続けていきたいと思っています。

今後の北東アジアの平和に向けて、佐藤さんはどのようにお考えでしょうか？

佐藤　北東アジアの平和をつなぐ枠組みというと、外交レベルではもう議論は尽きていると思います。北東アジア全体を結ぶ集団的安全保障体制をいかに作っていくかということ。そのためには、核抑止力に頼らざるを得ない現状がある中、いかにして核の暴発を防ぎ、段階的に核を削減していくか、そして、いかに核廃絶に向けて歩を進めていくか？　それが最大のテーマでしょう。

それ自体は外交・軍事・政治の話ですが、為政者の心の根底に哲学がないかぎり、うまくいかないでしょう。たとえば、北朝鮮は今後、レアメタル資源の宝庫として、安くて良質な労働力の宝庫として、各国の注目を浴びるでしょう。しかしそこで、北朝鮮の民衆を搾取《さくしゅ》・収奪の対象として見てしまったら、あるいは、北朝鮮という国を単なるパワーゲームの駒として見てしまったら、それは二〇世紀までの帝国主義の歴史の繰り返しです。そんなやり方をしたら、北東アジアをつなぐ平和構築などできるはずがない。だからこそ、哲学・価値観が重要になるのです。

ただし、その価値観はナショナリズムではない。ナショナリズムは、韓国と北朝鮮を結合させる価値観にはなるでしょう。しかし、ナショナリズムはロシアとの間でも、中国との間でも、日本との間でも、アメリカとの間でも軋轢《あつれき》を生み出します。だから、北東アジアを結ぶ価値観にはなり得ない。ナショナリズムを超克《ちょうこく》する価値観が必要なのです。

ヨーロッパにおいては、ナショナリズムを超克する価値観になったものが三つありました。一つは、ユダヤ教、キリスト教という一神教の台頭から生まれた「ヘブライズム」。二つ目が、ギリシャなどの古典哲学や思想の伝統――「ヘレニズム」。三つ目に、ローマ法という体系から生まれた「ラティニズム」。

以上、三つの価値観がヨーロッパの普遍的な価値観としてあって、現代ヨーロッパの土台にもなっています。

では、北東アジアを結ぶ「ナショナリズムを超克する普遍的価値観」とは何か？　おそらくそれは、すでにあるものではなく、われわれがこれから作っていかなくてはならないものでしょう。それは、生命尊重の価値観でなければならない。しかも、人間の生命だけを尊重するのではなく、自然環境まで含めた「生きとし生けるもの」すべてを尊重する価値観でなければならない。なぜなら、われわれは北東アジアの平和についても責任を負うと同時に、北東アジアの自然環境についても責任を負っているから。核戦争で北東アジアを焼け野原にする権利など、われわれにはないのです。

したがって、私たちはこれから、北東アジアに平和の枠組みを作る大仕事と並行して、北東アジアを結ぶ普遍的な価値観も構築していかないといけないのです。池田ＳＧＩ会長の「人間主義」の哲学はそこに大きな示唆《しさ》を与えてくれるでしょうし、金先生が言われたとおり、沖縄の「命どぅ宝」という言葉は、北東アジア全体を結ぶメッセージになり得るでしょう。

金　北東アジアの歴史の大きな転換点となるであろう二〇一八年に、以前から尊敬する佐藤さんとこのような対談を持つことができて、たいへん光栄でした。本当にありがとうございました。

佐藤　こちらこそ、ありがとうございました。楽しい対談でした。

あとがき

古典ギリシア語では、時間を表現するのに二つの言葉がある。一つ目は、「クロノス」だ。流れていく時間を指す概念で、英語で年表や時系列表をクロノロジーと呼ぶが、この語源がクロノスだ。われわれが日常的に用いている時間という言葉はクロノスのことだ。

これに対して、「カイロス」という時間概念がある。ある出来事が起きる前と後では、歴史の意味が異なるような時間を指す概念だ。英語ではタイミングになる。あえて日本語に訳すと時機ということになるのであるが、語感としていま一つしっくりしない。むしろ、「宿命転換の時」「人間革命の時」と表現したほうがいいと思う。個人にも社会にも国家にもカイロスがある。さらに国家を超《こ》える規模でのカイロスもある。

最近の国際政治から具体例を挙げよう。二〇一八年六月一二日に行われた米朝首脳会談が国家を超える規模でのカイロスにあたる。英国のロイター通信が、米朝首脳会談の一週間前（二〇一八年六月五日）に興味深い記事を配信したので引用しておく。

在韓米軍撤退におびえる日本、「最前線国家」の現実味

［東京　5日　ロイター］米朝首脳会談に臨むトランプ米大統領が朝鮮戦争の終結宣言に意欲を示したことで、日本では在韓米軍の撤退につながることを懸念する声が出ている。東アジアにおける米国の防衛線が後退し、日本が中国やロシアと直接向き合う「最前線国家」になる恐れがあるためだ。6日から訪米する安倍晋三首相は日本の考えを改めてトランプ氏に伝え、情勢認識をすり合わせたい考え。

〈幻のアチソンライン〉

「北朝鮮と平和協定が締結されれば、在韓米軍の存在を正当化し続けることは難しい」――。4月下旬、米国の外交専門誌「フォーリン・アフェアーズ」にこんな記事が載った。寄稿したのは、韓国大統領府の文正仁《ムンジョンイン》・統一外交安保特別補佐官。

文在寅《ムンジェイン》大統領の側近で２０００年、07年の南北首脳会談にも同行した重要人物だ。安全保障環境を大きく変えかねない主張に、日本の関係者の間では衝撃が走った。

１９５３年に停戦した朝鮮戦争は、65年が経《た》った今も休戦しているにすぎない。南北は4月下旬の首脳会談で、年内の終戦宣言を目指すことで合意。トランプ大統領も米朝会談を今月12日に開くことを発表した際、戦争を終結させることに前向きな姿勢を見せた。休戦協定が終戦宣言を経て平和協定に転換されれば、韓国防衛を主目的とする米軍が駐留する根拠は乏《とぼ》しくなる。

「アチソンラインが現実のものになるかもしれない」「日本はフロントライン・ステート（最前線国家）になる恐れがある」――。

安倍政権に安全保障政策を助言する日本政府の元高官はこう語り、日本は在韓米軍が撤退する可能性に備えるべきだと指摘する。

アチソンラインとは、米国が冷戦初期に西太平洋に引こうとした共産圏に対する防衛線。アリューシャン列島から日本、沖縄、フィリピンを結び、韓国は除外された。１９５０年1月にアチソン国務長官が演説の中で表明してから5カ月後、北朝鮮は38度線を南下して韓国に攻め入った。

朝鮮戦争の勃発《ぼっぱつ》でアチソンラインは幻となり、韓国は日本にとって緩衝《かんしょう》地帯となったが、これから「米軍が韓国防衛への関与を減らせば、朝鮮半島が中立化するリスクが出てくる」と、政策研究大学院大学の道下徳成《みちしたなるしげ》教授は指摘する。「中立化された朝鮮半島は、長期的には中国の勢力圏に落ちざるを得ない」と同教授は話す。

このような方向で北東アジアの秩序が大きく変化していることは間違いない。もっとも、現在、起きている国際秩序再編の姿は、アチソンラインのアリューシャン列島から日本、沖縄、フィリピンに台湾が加わっているので、新アチソンラインと呼ぶほうが正確と思う。

本書のタイトルに掲げられた「北東アジア市民圏構想」という言葉は、金惠京氏の提案によるものだ。米朝関係正常化、大韓民国（韓国）と朝鮮民主主義人民共和国（北朝鮮）の安定的関係が構築されることによって、北東アジアの安全保障が激変した後、新アチソンラインのような、戦争の危機をはらんだ米中対立構造が生じることを避け、民衆のために平和を構築するためには何をすればよいかということを考え抜いた上で生まれたのが北東アジア市民圏構想だ。生命尊重、人間主義という価値を現実の国際政治に生かそうとする真摯《しんし》な提案である。全面的な共感を覚える。

二〇一八年八月三〇日、京都市にて、

佐藤　優

【著者プロフィール】

佐藤 優（さとう・まさる）

1960年、東京都生まれ。作家。同志社大学大学院神学研究科修了後、専門職員として外務省に入省。在ロシア日本大使館に勤務し、主任分析官として活躍。2002年背任と偽計業務妨害容疑で逮捕、起訴され、2009年6月執行猶予付有罪確定。13年6月執行猶予を満了し、刑の言い渡しが効力を失った。著書に『自壊する帝国』（新潮文庫）、『国家の罠』（新潮文庫）、『国家の攻防／興亡』（角川新書）、『マルクスと日本人──社会運動からみた戦後日本論』（明石書店）、『国家のエゴ』（朝日新書）、『創価学会と平和主義』（朝日新書）、『佐藤優の「公明党」論』（第三文明社）、『大国の掟』（NHK出版新書）、『ゼロからわかるキリスト教』（新潮社）、『世界観』（小学館新書）、『十五の夏』（上下巻 / 幻冬舎）など多数。第10回安吾賞受賞。

【著者プロフィール】

金 惠 京（キム・ヘギョン）

1975年、韓国・ソウル生まれ。国際法学者。早稲田大学大学院アジア太平洋研究科で博士号取得。専門は国際法、国際関係学、テロリズム。2007年からジョージ・ワシントン大学総合科学部専任講師、ハワイ大学韓国研究センター客員教授、明治大学法学部助教などを経て、2016年から日本大学危機管理学部准教授。著書に『涙と花札──韓流と日流のあいだで』（新潮社）、『風に舞う一葉──身近な日韓友好のすすめ』（第三文明社）、『柔らかな海峡──日本・韓国 和解への道』（集英社インターナショナル）、『無差別テロ──国際社会はどう対処すればよいか』（岩波書店）など。研究論文に“International Criminal Law Issues in the Fight against Terrorism: The Criminalisation of Conspiracy in Japan and South Korea.” *Historical Origins of International Criminal Law* など多数。

北東《ほくとう》アジア市民圏構想《しみんけんこうそう》

2018年10月15日　初版第1刷発行

著　者　佐藤《さとう》 優《まさる》／金《キム》 恵《ヘ》 京《ギョン》
発行者　大島光明
発行所　株式会社　第三文明社
東京都新宿区新宿 1-23-5
郵便番号　160-0022
電話番号　03（5269）7144（営業代表）
03（5269）7145（注文専用）
03（5269）7154（編集代表）
URL　http://www.daisanbunmei.co.jp
振替口座　00150-3-117823
印刷　図書印刷株式会社
製本　株式会社 星共社

ISBN 978-4-476-03378-6